浙江省重点创新团队"现代服务业创新团队"研究成果

浙江省"十三五"一流学科"应用经济学"研究成果

浙江省哲学社会科学研究基地"浙江省现代服务业研究中心"研究成果

浙江树人大学著作出版基金资助成果

浙江树人大学青年学术团队项目"功能分工视角下区域经济一体化发展研究"
研究成果

服务业与服务贸易论丛

THE INFLUENCE OF CREDIT CONSTRAINTS

AND FINANCIAL DEVELOPMENT ON EXIT

AND EXPORT OF FIRMS

融资约束、金融发展对企业退出与出口行为的影响研究

黎日荣◎著

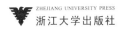

ZHEJIANG UNIVERSITY PRESS
浙江大学出版社

图书在版编目(CIP)数据

融资约束、金融发展对企业退出与出口行为的影响研
究/黎日荣著. —杭州:浙江大学出版社,2019.9
ISBN 978-7-308-19273-6

Ⅰ.①融… Ⅱ.①黎… Ⅲ.①企业融资-影响-企业
管理-出口贸易-研究-中国 Ⅳ.①F279.23
②F752.62

中国版本图书馆 CIP 数据核字(2019)第 129675 号

融资约束、金融发展对企业退出与出口行为的影响研究

黎日荣 著

策划编辑	吴伟伟
责任编辑	沈巧华
责任校对	丁沛岚
封面设计	项梦怡
出版发行	浙江大学出版社
	(杭州市天目山路 148 号 邮政编码 310007)
	(网址:http://www.zjupress.com)
排　版	浙江时代出版服务有限公司
印　刷	浙江省良渚印刷厂
开　本	710mm×1000mm 1/16
印　张	8.75
字　数	139 千
版印次	2019 年 9 月第 1 版 2019 年 9 月第 1 次印刷
书　号	ISBN 978-7-308-19273-6
定　价	35.00 元

丛书序

以服务业和服务贸易为主要内容的服务经济迅速崛起，成为 20 世纪中叶以后世界经济发展的显著特征。服务业和服务贸易在国民经济中的比重不断上升，成为促进国民经济效率提高和国民产出总量增长的主导力量。

把服务业作为一个完整概念提出并进行系统的理论研究，是 20 世纪才开始的。分处不同时代的西方经济学家从不同角度揭示了人类社会发展过程中，国民生产总值的最大比例从第一产业转向第二产业，进而转向服务业的客观规律性。20 世纪 80 年代中后期，西方发达国家服务业的比重普遍超过了 60%，并呈现持续增长的态势，服务经济被纳入国民经济整体中进行考察。关于服务的理论研究也不断深化。国内学者对服务经济的理论研究始自 20 世纪 60 年代，服务的性质、服务的价值创造、服务业在国民经济中的地位和作用、服务业各行业发展的理论与实践研究、服务业与服务贸易竞争力分析等都被纳入研究范畴。随着服务业和服务贸易在我国经济结构调整、发展方式转变和经济社会可持续发展中的重要性越来越突出，服务经济研究也日益被人们所重视，研究深度和广度也在不断扩大。

浙江树人大学研究团队从 2000 年开始致力于现代服务业、国际服务贸易研究，是国内较早专门从事服务经济领域研究的学术团队之一，研究成果获第四届教育部人文社会科学优秀成果二等奖、全国商务发展研究成果优秀奖、第十三届浙江省哲学社会科学优秀成果一等奖、浙江省高校科研成果一等奖等奖项。目前，浙江树人大学现代服务业研究团队是浙江省重点创新团队，"浙江省现代服务业研究中心"是浙江省哲学社会科学研究基地,"应用经济学"学科是浙江省"十二五"重点学科,"国际经济与贸易"专业因服务贸易人才培养特色获得国家特色专业和浙江省优势专业称号。《服务业与服务贸易论丛》是上述创新团队、基地、学科和专业建设的成果,也是团队近年来刻苦研究的结晶。

在《服务业与服务贸易论丛》出版之际,衷心感谢浙江省委宣传部、浙江省社科联、浙江省教育厅和浙江树人大学各级领导的关心和支持,感谢中国社科院财贸所服务业研究室、中山大学第三产业研究中心等学术界同仁们的帮助,感谢研究团队所有成员的辛勤付出。期待得到学界同行和读者们的批评指教。

夏 晴

2013 年 3 月

目　录

绪 论

改革开放以来,我国经济保持快速增长,1980—2013 年 GDP 年均保持两位数的增长速度。同时我国对外贸易也取得了长足的发展,2013 年出口贸易额占世界出口贸易总额的 11.7%,而位居出口额第二名的美国,其这一比例仅为 8.4%,可见我国已成为名副其实的贸易大国和制造业大国。出口增长对于拉动经济增长,解决就业问题,促进城镇化中劳动人口的转移有重要的意义。尽管我国已成为出口大国,但大量实证研究表明,我国出口产品质量并没得到显著的提高。随着劳动力成本、能源和原材料价格的上升,我国制造业、低成本优势逐渐丧失,在国际市场上依靠低成本、低价格的粗放型增长难以为继,增长方式必须转型升级,其中产品质量升级是关键。与此同时,我国作为一个转轨和发展中的国家,金融部门改革和发展滞后于产品部门。世界银行的调查数据显示,1999—2000 年中国有 75% 的非金融上市企业将融资约束视为企业发展的主要障碍,在被调查的 80 个国家中比例最高(Claessens et al.,2006),这表明中国的融资环境较差。在这背景下研究融资约束、金融发展对我国制造业企业的退出、出口规模、出口广度、出口深度以及出口产品质量的影响有重要的现实意义。

在理论方面,Melitz(2003)在单一产品假设下通过企业生产率异质性解释企业出口行为的差异性,认为生产率越高的企业其产品的边际成本就越低,于是生产率最高的企业克服出口成本进入出口市场,生产率中等的企业只在国内市场销售产品,生产率最低的企业退出市场。由此便由新贸易理论时代进入了新新贸易理论时代。然而,Melitz 的模型至少存在以下三方面的不足:①单一产品假设。大量实证文献发现,多产品出口主导了企业的出口行为。②生产率是企业唯一异质性假设。在多产品出口下质量异质性对企业出口行为的影响同样重要。③假定企业不存在融资约束。事实上,融资约束也是企业重要的异质性之一,在融资约束下,即使企业生产率很高也可能无法进入出口市场,或者企业生产率不是最低的也可能被迫退出市场。正是由于 Melitz 模型的假设存在这些缺陷,它无法解释企业的所有行为。本书在已有的理论模型上引入融资约束因素,解释企业在融资约束下的退出和出口行为。

在实证方面,本书使用中国工业企业数据库数据,中国海关数据库数据及其匹配数据检验了企业融资约束、金融发展对企业退出和出口行为的影响。本书的主要发现如下:①企业面临的融资约束越紧,退出风险便越大,并且融资约束对企业退出风险的影响是加速递增的;金融发展降低了高生产率企业的退出风险,提高了低生产率企业的退出风险。②企业融资约束减少了企业出口贸易关系的持续时间,也降低了企业出口目的地的广度。③金融发展提高了企业出口总量、出口目的地广度、出口产品广度和出口深度,但降低了出口渗透率。④出口产品数量与产品质量存在负相关关系,金融发展并未有效提升产品质量。本书的实证研究大大丰富了我们对融资约束影响企业出口行为的认识,也为制定贸易政策提供了事实依据。

第一章 研究背景及文献综述

第一节 研究背景与现实意义

改革开放以来,我国经济保持快速增长,1980—2013 年 GDP 年均保持两位数的增长速度。同时我国对外贸易也取得了长足的发展,1980—2013 年,我国进出口贸易额从 381.36 亿美元增长到 41589.93 亿美元,增长了 108 倍。其中,进口贸易额从 200.17 亿美元增长到 19499.89 亿美元;出口贸易额从 181.19 亿美元增长到 22090.04 亿美元。图 1.1 展示了 1980—2013 年我国进出口贸易的发展趋势。可以看出,在 2001 年加入世界贸易组织(WTO)之后,我国进出口贸易发展尤其迅速。2013 年我国商品出口贸易额占世界商品出口贸易总额的 11.7%,位居商品出口贸易额第一名,大约比位居出口额第二名的美国高 39.0%(美国商品出口贸易额占世界商品出口贸易总额的 8.4%[①])。与此同时,我国的贸易广度[②]也极高,在 HS 六分位产品层面上,2010 年我国贸易广度为389346,位居世界第一,美国贸易广度为 341518,德国贸易广度为 329755(施炳展,2013)。可见我国已成为名副其实的贸易大国和制造业大国,中国制造的产品已广泛深刻地渗透到国际市场。

---

① 数据来自世界贸易组织网站:https://www.wto.org/english/res_e/statis_e/its2014_e/its2014_e.pdf
② 贸易广度是对贸易关系的统计,一个出口产品-目的地组合称为一个贸易关系。

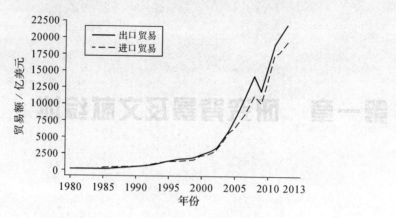

图 1.1　1980—2013 年中国进出口贸易发展趋势

(资料来源:历年《中国统计年鉴》。)

　　然而,在优秀的出口规模数据面前,也发现了一些问题。本书对中国工业企业数据库数据和中国海关数据库的匹配数据进行整理,发现2000—2005 年平均每年有 24.8% 的企业退出出口市场,2001—2006 年出口市场平均每年有 36.5% 的新进入企业。企业出口贸易关系的退出比例更高(本书一般把企业-出口目的地组合称为出口贸易关系,把产品-出口目的地组合称为出口关系),2000—2005 年平均每年的退出比例为42.2%。Manova 和 Zhang(2012)、Feenstra 等(2013)、Manova(2013)、李志远和余淼杰(2013)均认为出口需要支付固定成本,那么过高的企业出口退出比例就将导致出口资源的浪费。同时,过高的退出比例反映了我国出口产品在国际市场上缺乏稳定的竞争力,当受到国际需求冲击或成本冲击时便丧失了盈利能力,其背后的原因可能是大量的出口产品依靠低成本优势以价格竞争方式进入出口市场,而产品缺乏过硬的质量。

　　当聚焦到产品质量时,我国的出口贸易发展之路仍任重道远。张杰等(2014)、李坤望等(2014)使用海关数据对中国出口产品质量测算发现,2000—2006 年中国出口产品质量总体上出现轻微下滑趋势。施炳展(2013)发现 2000—2006 年由于生产低质量产品的企业大量进入出口市场,中国本土企业产品质量水平总体下降,与外资企业产品质量的差距有扩大的趋势。李坤望等(2014)同样发现低质量产品大量进入出口市场,是中国加入世界贸易组织后出口产品质量总体水平持续下滑的主要原因。由此可见,中国出口贸易与发达国家的差距主要体现在产品质量上。在现实中,中国少有得到发达国家消费者认可的一线品牌。尽管中国已成为全球奢侈品消费大国,然而国产奢侈品品牌很少受到消费者青睐,也很难卖得同高价格。因此只有透过出口规模、出口参与,深入出口产品目的地层面研究出口贸易关系的持续时间、出口深度、出口渗透率以及出口产品质量,才能对我国出口贸易的事实有更深刻的认识,同时能更有针对性地提出政策建议,这有利于我国从制造业大国转变成制造业强国,从贸易大国转变成贸易强国。

我国作为转轨和发展中的大国,金融部门改革和发展却滞后于产品部门。我国的金融体系是以银行为基础的,国有银行又占据了信贷资源的大部分。受行政力量的干涉,国有银行在信贷资源配置时会优先考虑国有企业,导致国有企业的"预算软约束"(Boyreau-Debray et al.,2005)与私营企业在银行信贷中受到歧视现象并存。Dollar 和 Wei(2007)、Riedel 等(2007)发现私营企业投资资金主要来源于留存收益、家庭或朋友借款,只有很少部分来源于银行信贷。Song 等(2011)也指出,国有企业的投资资金中有多于30%的资金来源于银行信贷,而私营企业这一比例小于10%。非国有企业在我国企业总数中占大部分,于是便出现了企业普遍面临融资约束困境的情况。在这样的背景下,研究融资约束、金融发展对我国企业退出和出口行为的影响有重要的现实意义。

第二节 研究背景与理论意义

Melitz(2003)将企业生产率异质性引入 Krugman(1979)的框架,通过生产率异质性解释企业出口行为的差异性,从而开启了新新贸易理论时代。Melitz 模型是从以下几个关键假设展开的:①生产率是企业唯一异质性;②出口存在一个大于零的固定成本,企业在了解生产率之后决定是否进入出口市场;③市场竞争条件为 D-S 垄断竞争,每个企业生产单一产品;④消费者的效用函数为经典的 CES 形式(常弹性效用函数)。在竞争均衡下产生进入市场的临界生产率 φ_1^* 和进入出口市场的临界生产率 φ_2^*,由于进入出口市场需要支付正的固定成本,于是必有 $\varphi_2^* > \varphi_1^*$。Melitz(2003)的基本结论为生产率最高的企业进入出口市场,生产率中等的企业仅在国内市场销售产品,生产率最低的企业退出市场。然而,随着企业产品层面微观出口数据可获得性的提高,大量实证研究结论与Melitz(2003)的假设或结论不符。例如,李春顶等(2009,2010)发现中国非出口企业比出口企业的生产率高,这一现象被称为"生产率悖论"。归纳起来,Melitz 模型至少存在以下三方面的不足:① 单一产品假设;② 生产率是企业唯一异质性假设;③ 假定企业不存在融资约束。对于这些不足的具体论述,见第四章的引言部分。

尽管 Melitz 模型有许多缺陷,但是生产率无疑是出口企业最大的异质性,也是决定企业出口行为的最重要因素。本书的实证研究也发现,在控制了企业融资约束因素后,生产率高的企业将有更高的出口量、更多的出口目的地、更多的出口产品和更高的平均出口量。这进一步验证了 Melitz(2003)的结论。然而仅使用生产率异质性无法解释企业出口的全部行为。本书在生产率异质性下引入企业融资约束因素,使理论解释更接近企业的实际情况。融资约束通过以下两个渠道影响企业的行为:一是流动性约束。无论是进入出口市场,则还是仅在国内市场销售,企业每期生产均需要支付固定成本,如果进入出口市场还需要额外支付出口固定成本。当企业陷入流动性困境,而金融市场又存在摩擦,使企业无法及时融入资金时,企业便会退出出口市场,而当生产成本都无法支付时,便会退出市场。可见企业的退出顺序不仅仅依从生产率,还与流动性状况有关。本书的实证研究发现,退出企业的生产率远不是最低的。现实中有大量高效率的中小企业因为资金链断裂以及融资困难而倒闭。二是盈利性约束。在没有融资约束假设下,Melitz(2003)认为,进入出口市场的临界生产率 φ_2^* 比仅保留在国内市场的临界生产率 φ_1^* 高,原因在于进入出口市场要支付正的固定成本。当企业面临融资约束,金融市场存在摩擦时,企业融入外部资金同样需要支付成本,融资成本的大小与企业面临的融资约束差异有关。于是在融资约束下企业进入出口市场的临界生产率 φ_2^* 和仅保留在国内市场的临界生产率 φ_1^* 均会提高,原因在于企业需要有更高的生产率来降低产品的边际成本,这样才能弥补融资支付的成本从而使企业盈利。在同时考虑生产率异质性和融资约束因素时,企业的退出行为和出口行为将有很大的不同。

第三节　文献综述

一、文献回顾

Melitz 模型因为没有考虑企业面临的融资约束,所以无法解释企业的全部行为。在企业生产率异质性下引入融资约束因素,可使理论分析更贴近企业的实际情况,增加理论的解释力。中国既是制造业大国也是出口大国,中国制造业企业面临很紧的融资约束。1999—2000 年中国有75％的非金融上市企业将融资约束视为企业发展的主要障碍,在被调查的 80 个国家中比例最高(Claessens et al.,2006)。在这样的背景下研究融资约束、金融发展对中国制造业企业退出以及出口行为的影响既具有理论意义,也具有重要的现实意义。以下对研究融资约束、金融发展对中国企业退出以及出口行为影响的文献作一个简单回顾。

李平等(2012)通过对中国制造业企业数据的分析发现,市场开放激发了市场竞争和以非国有企业为主的大规模进入和退出。通过企业的竞争效应,进入退出促进了企业层面生产率的增长;通过低生产率企业的退出和高生产率企业的进入,进入退出促进了总量层面生产率的增长。毛其淋等(2013a)通过对中国制造业企业数据的分析发现,中国制造业企业存在很高的进入率和退出率,并进一步指出存活企业的平均生产率高于新进入企业,新进入企业的平均生产率又高于退出企业,企业进入退出更替对制造业企业生产率的增长具有重要的直接影响。简泽等(2013)认为银行部门的市场化使低生产效率企业退出市场,同时使工业部门的生产份额向高效率的企业集中,从而使工业部门的资源配置效率得到改善,也推动了工业部门全要素生产率的提升。以上文献主要分析了企业进入退出对产业层面全要素生产率以及工业部门资源配置的影响。

马光荣等(2014)分析了地区金融契约效率对中国企业退出的影响,认为地区金融契约效率的提高使低生产率企业的退出概率提高了,从而优化了经济中的资源配置,并认为在金融契约效率更高的地区,企业的退出更接近熊彼特意义上的"创造性毁灭"过程。以上文献缺少对企业层面融资约束对企业退出影响机制的分析。

研究融资约束与中国企业出口行为是近几年文献的热点,于洪霞等(2011)通过对中国企业数据的研究发现,中国企业出口固定成本确实受到融资约束的影响,其制约了企业的出口能力。他们进一步认为,针对出口固定成本的出口促进政策比针对出口可变成本的出口促进政策,无论在福利效应还是在政策成本方面都更有优势。孙灵燕等(2011)对世界银行投资环境调查数据研究后发现,外源融资约束是限制中国企业出口参与的重要因素。同时发现,在国有企业和外资企业样本中,外源融资约束对企业的出口参与影响并不显著,而在民营企业中,外源融资约束显著影响了企业的出口参与。朱英杰(2012)通过对中国企业微观数据的研究发现,企业生产率越高,出口竞争力就越强;企业面临的融资约束越紧,出口竞争力就越弱。阳佳余(2012)对中国工业企业数据的研究后发现,融资约束状况改善不仅会提高企业出口的概率,还会扩大企业的出口规模,并发现民营企业比国有企业所受的融资约束更为严重,但民营企业的出口表现并没有更差,融资约束状况改善对企业出口的促进作用对外资企业的影响最为明显。陈琳等(2012)对世界银行"商业环境与企业绩效调查"的微观企业数据分析后发现,企业内部流动性与企业出口量存在正相关关系,企业外源融资能力对企业的出口规模和出口参与均有促进作用。相对于大企业,中小企业外源融资能力对出口的促进作用更加显著,相对于西部中小企业,东部中小企业对外源融资约束的敏感性更高。刘海洋等(2013)运用中国制造业企业数据,将构建应收账款相对比例作为企业融资约束的测量,分析后发现融资约束制约了企业的出口行为,这种影响在不同规模、不同地区、不同行业、不同所有制企业中是不同的。孔祥贞等(2013)认为出口固定成本融资约束会阻碍企业的出口参与,并通过分析中国制造业企业数据发现,克服出口固定成本融资约束会促进企业出口参与,商业信贷对促进企业出口参与的影响最大,其次是银行信贷,内源融资对企业出口参与的影响最小。张杰等(2013a)通过对中国工业企业数据的研究发现,融资约束对企业出口的扩展边际存在制约作用,对企业出口的集约边际存在促进作用,但在剔除了加工贸易类纯出口企业后,融资约束对企业出口的集约边际产生的依然是制约作用,由此认为加工贸易类企业造成了融资约束对企业出口的二元边际产生复杂的影响。蒋为等(2014)根据企业出口成本性质的不同,把企业的出口决策划分为三类:出口参与决策、持续出口决策和出口产量决策。并通过对中国工业企业数据的实证分析发现,由于存在巨大的出口进入沉没成本,融资约束显著阻碍了企业的出口参与;由于出口固定维持成本较小,融资约束对企业出口维持决策并没有显著的影响,但内源融资约束阻碍了企业出口规模的扩张。

相对而言,研究金融发展对中国企业出口行为影响的文献并不算多。荆逢春(2014)把外资银行进入和发展作为地区金融市场发展的代理变量,通过分析地区金融发展对中国产业出口、企业出口决策和出口规模的影响发现,外资银行进入某一地区,会显著促进这一地区产业的出口,对金融脆弱性高的行业促进作用更加明显,同时外资银行规模的扩大对产业的出口同样有促进作用;外资银行进入对企业参与出口的概率和出口的规模均有促进作用,对金融脆弱性高的行业促进作用更加明显。刘文栋(2014)研究了中国外商直接投资(FDI)、金融发展和产业出口竞争力的关系,发现 FDI 并没有促进中国工业产业出口竞争力的提升,而国内金融发展促进了中国工业产业出口竞争力的提升。李殊琦等(2014)通过分析中国地区金融市场发展与贸易企业行为的关系发现,在地区金融发展水平不均衡的条件下,企业通过跨区域转移(选择金融市场发达的地区),替代金融资源在企业间的流动,实现金融资源的优化配置,为金融资源的重新配置提供了新的解释。以上文献无论是研究融资约束,还是金融发展对中国企业出口行为的影响,其研究重点都主要集中在产业层面的出口规模及出口竞争力或集中在企业层面上的出口参与、出口规模或出口竞争力,缺少细化到出口产品层面上的研究。深入企业出口产品层面的分析会使我们更深刻地认识企业的出口行为,也能为制定出口促进政策提供更有针对性的事实依据。

以下结合本书研究的四个问题对文献进行更深入、更细致的评述。

二、融资约束与企业退出

Jovanovic(1982)很早就提出了产业演化模型,认为高效率的企业将在市场上存活并获得发展,缺乏效率的企业将走向衰退并最终退出市场。Hopenhayn(1992)提出了一个产业动态的长期均衡模型,认为竞争均衡会产生一个临界生产率,低于该生产率的企业将退出市场,生产率高于临界值的企业将在市场存活。Melitz(2003)将生产率异质性引入国际贸易模型,认为生产率最高的企业进入出口市场,生产率中等的企业仅保留在国内市场,生产率最低的企业退出市场。以上文献一致认为,生产率低的企业退出市场。此后,Samaniego(2008)、Lee 和 Mukoyama(2013)、Clementi 和 Palazzo(2013)均提出企业发展动态模型。然而,这些文献没有考虑融资约束对企业退出的影响。Cooley 和 Quadrini(2001)较早把融资因素引入产业动态模型,之后 Albuquerque 和 Hopenhayn(2004)、Clementi 和 Hopenhayn(2006)、Arellano 等(2009)、José(2010)均提出了在融资约束下企业的发展动态模型。这些文献为我们理解融资约束对企业退出机制的影响提供了扎实的理论基础。

在丰富的理论文献中,研究企业退出的实证文献并不算多。Disney 等(2003)分析了企业规模、年龄对英国工业企业退出的影响。Yang 和 Temple(2012)检验了改革对中国辽宁省机电制造业企业退出的影响。Lee 和 Mukoyama(2013)分析了商业周期对美国企业进入与退出的影响。Eslava 等(2013)分析了贸易自由化对哥伦比亚企业退出的影响。简泽等(2013)分析了银行部门市场化对中国企业退出的影响。马光荣等(2014)检验了地区金融契约效率对中国企业退出的影响。但就笔者所了解,目前少有文献分析企业层面的融资约束对企业退出的影响,尤其是对中国工业企业的影响。

三、融资约束与出口贸易关系持续期

很多文献通过对出口贸易量进行二元分解,寻找中国出口持续增长的原因(钱学锋,2008;Manova et al.,2009;钱学锋等,2010;黄先海等,2011;陈勇兵等,2012b)。与大量研究贸易二元分解的文献相比,研究企业进出口贸易关系持续时间的实证文献并不多。Besedeš 和 Prusa(2006)、Nitsch(2009)、Hess 和 Persson(2010a)、陈勇兵等(2013)分别研究了美国、德国、欧盟和中国的进口贸易持续时间及其决定因素。陈勇兵等(2012a)和 Esteve-Pérez 等(2013)分别研究了中国和西班牙的出口贸易持续时间及其决定因素。毛其淋和盛斌(2013b)研究了贸易自由化对中国企业进入、退出出口市场的影响。然而这些文献未考虑融资约束对企业进出口动态的影响。Feenstra 等(2013)认为,由于出口货物需要更长的运输时间,企业需要垫付更多的资金,这使出口企业比非出口企业面临更紧的融资约束。于洪霞等(2011)对中国企业数据的实证研究也指出,中国企业面临出口固定成本融资约束。此外,Fan 等(2012)、Manova(2013)、Peng 和 Xia(2013)、Feenstra 等(2013)、李志远和余淼杰(2013)、Manova 等(2014)也研究了融资约束对企业出口行为的影响。这些文献为我们理解融资约束对企业出口行为的影响机制提供了理论基础。然而目前尚没有文献研究融资约束对企业出口贸易关系持续期的影响。当考虑出口固定成本、融资成本以及企业可能无法顺利融资时,融资约束显然会影响企业出口贸易关系的退出风险。

四、金融发展与出口的二元边际

在多产品出口情景下,对出口贸易量进行二元分解是近年文献研究的热点。就分解方法看,较为典型的有以下三种:①Manova 和 Zhang(2009)的分解方法;②Arkolakis 和 Muendler(2010)的分解方法;③Bernard 等(2010)的分解方法。对这三种分解方法的详细介绍及评价,见第四章引言部分。出口边际的扩张需要支付固定成本,融资约束通过流动性约束和盈利性约束制约企业出口边际的扩展,金融发展通过缓解企业的融资约束促进企业出口边际的扩展。目前研究金融发展对企业出口边际影响的文献较少。

五、出口产品多元化、金融发展与出口产品质量

随着包括企业出口产品价格和出口量信息微观数据的可获得性的提高,对出口产品质量的实证研究逐渐成为近几年文献的热点。Khandelwal(2010)测算了出口到美国的产品质量。Manova 和 Zhang(2012)提炼了中国多产品企业出口产品质量的几个典型事实。Piveteau 和 Smagghue(2013)分析了低工资国家产品的竞争对法国企业产品质量的影响。Bernini 等(2013)分析了企业财务杠杆对法国企业出口产品质量的影响。李坤望和王有鑫(2013)分析了 FDI 对中国出口产品质量升级的影响。施炳展等(2013)测算了中国出口产品的质量,并分析了其决定

因素。施炳展(2013)、张杰等(2014)从分解的角度分析了中国出口产品质量变化。Fan 等(2014)分析了贸易自由化对中国出口产品价格和质量的影响。目前鲜有文献分析企业内部出口产品多元化对产品质量的影响以及金融发展对产品质量的影响。

第四节　研究框架

在生产率是唯一异质性的假设下,Melitz 模型分析指出,生产率最低的企业退出市场,生产率中等的企业仅在国内销售,生产率最高的企业进入出口市场。因该模型没有考虑融资约束因素,它对企业行为的解释力较弱。本书在生产率异质性基础上引入融资约束因素,分析融资约束视角下企业的退出行为和出口行为。本书的论述紧扣"融资约束、金融发展对企业退出和出口行为的影响"这一主题,全书分为三大部分,其中第一部分为本书的绪论,第二部分为第二章至第五章,是本书的主体论述部分,第三部分即第六章,为结论、政策含义及不足。

本书以融资约束和企业行为为两条主线安排第二至第五章的内容。本书分两个角度对融资约束进行论述:一是企业自身融资约束对企业退出和出口行为的影响;二是金融市场发展通过改善企业外部融资环境,缓解企业的融资约束。本书第二、三章侧重分析企业自身融资约束对企业退出和出口行为的影响,第二章还分析了金融发展对企业退出行为的影响,第四、五章论述了金融发展对企业出口行为的影响。对企业行为的论述,各章安排如下:第二章论述了融资约束、金融发展对企业退出市场行为的影响。第三、四、五章论述了融资约束、金融发展对企业出口行为的影响,其中既有量方面的分析,也有质方面的分析,主要从出口贸易关系质量、出口规模和出口产品质量三方面进行论述。第三章论述融资约束对企业出口贸易关系持续时间的影响,主要分析了融资约束对企业出口贸易关系质量的影响;第四章论述金融发展对企业出口量、出口产品数量、出口目的地数量和每个出口关系的出口量的影响,主要分析了金融发展对企业出口规模方面的影响;第五章论述了金融发展对企业出口产品质量的影响。作为内容主体的这四章均论述了本书的主题,从企业自身融资约束的角度和金融发展的角度分析融资约束对企业行为的影响;既分析融资约束对企业退出市场行为的影响,也分析了融资约束对企业出口行为的影响。这四章的有机结合使本书对"融资约束、金融发展对企业退出和出口行为的影响"这一主题的论述细致且深入。

第五节 研究方法

为了提高实证分析的质量,在数据处理方面,本书借鉴 Feenstra 等(2013)的方法对工业企业数据库中不合理的观测值进行剔除,借鉴 Brandt 等(2012)的方法把工业企业数据库中各年的数据匹配成面板数据,借鉴 Fan 等(2012)的方法对中国工业企业数据和中国海关数据进行匹配。用 Olley 和 Pakes(1996)的方法(简称 OP 法)估算企业全要素生产率能有效解决最小二乘法(OLS)估计中的内生性以及样本选择问题,因此本书使用 OP 法估计企业的生产率。投入产出价格的波动会影响实际资本存量的估算以及生产率的准确估计,所以在估计生产率之前,对于不同年份不同行业的投入产出价格,本书借鉴 Brandt 等(2012)的办法,以 1998 年为基年按四位码行业进行分行业平减,该方法能够做到行业最细分水平的价格调整。

使用工业企业数据估计企业的退出风险以及使用工业企业数据和海关数据的匹配数据估计出口贸易关系的退出风险,均会遇到数据右删失问题,cloglog 生存模型能有效解决数据的右删失问题,因此本书使用 cloglog 生存模型估计企业或出口贸易关系的退出风险。cloglog 假定退出风险率服从互补双对数分布,为了减少风险率分布设定对回归结果产生的影响,本书同时使用 probit 模型(假设风险率服从正态分布)和 logit 模型(假设风险率服从 logistic 分布)对数据进行估计,以验证结果的稳健性。在估计企业层面融资约束对企业出口行为的影响时会遇到内生性问题,本书通过引入合理的工具变量,使用两阶段最小二乘法(2SLS)和广义矩阵估计(GMM)方法来处理内生性问题。

第六节　本书的创新

研究企业层面融资约束对企业出口量、出口目的地数量、出口产品数量等的影响会面临很大的内生性问题，原因在于企业的出口利润会缓解融资约束；同时企业的出口行为也会影响所在地区的金融发展。这是本书研究的一个难点。本书通过引入企业融资约束和金融发展的合理工具变量来解决内生性问题。本书的创新主要有两个方面：

（1）通过理论分析认为，随着企业融资约束程度的增加，企业的退出风险会增加；金融发展通过缓解企业融资约束，会降低高效率企业的退出风险。本书使用中国工业企业数据对理论假说进行检验后发现，实证检验结果与理论假说相符，融资约束确实提高了企业的退出风险，并且随着融资约束程度的增加，企业的退出风险加速增加，而金融发展降低了高效率企业的退出风险。

（2）通过理论分析认为，出口需要支付出口固定成本，使用外部资金需要支付融资成本，融资约束制约了企业的出口扩张。本书使用中国海关数据进行回归分析发现，融资约束确实制约了企业出口目的地的扩张，提高了出口贸易关系的退出风险，而金融发展提高了企业出口总量、出口目的地广度、出口产品广度和出口深度。

第二章　融资约束与企业退出行为

第一节　引言

Melitz(2003)将企业生产率异质性引入 Krugman(1979)的框架,通过生产率异质性解释企业退出及出口行为的差异,认为生产率最高的企业进入出口市场,生产率中等的企业仅在国内销售,生产率最低的企业退出市场,并指出随着高生产率企业的进入和低生产率企业的退出,资源得到优化配置。更早研究产业动态的学者 Jovanovic(1982)、Hopenhayn(1992)同样认为,产业竞争均衡下低生产率企业退出市场,高生产率企业在市场存活。然而本章对中国工业企业数据统计后发现,退出组企业的生产率远非最低,退出组企业的生产率比最低生产率组企业的生产率平均高 16.1%。与此同时,退出组企业面临很紧的融资约束,退出组企业所受融资约束程度比全部企业高 8.9%。从统计上看,在考虑了融资约束因素后,企业退出并非唯一依照生产率次序,融资约束同样影响企业的退出。融资约束往往使高生产率企业退出,低生产率企业得以保留,这破坏了市场经济中的优胜劣汰机制,使"创造性毁灭"作用无法有效发挥,资源无法顺利从低效率企业往高效率企业流动,经济中存在资源误置。这种现象在金融市场改革和发展滞后于产品市场的中国更为典型(Huang,2010)。本章对中国工业企业数据进行整理,得到1998—2006 年企业的年平均退出比例为 16.3%,其中全部国有企业的平均退出比例为 22.8%,规模以上非国有企业为 15.2%。相信规模以下非国有企业有更高的退出概率。融资约束对企业的退出行为是否存在显著的影响？融资约束是否导致了经济中的资源误置？这是本章要研究的问题。

本书第一章第三节回顾了关于融资约束对企业出口影响的理论文献和实证文献。这些理论分析为我们理解金融摩擦影响企业退出机制提供了基础。本章的理论模型在 Hopenhayn（1992）和 Arellano 等（2009）的基本理论框架上引入企业融资约束因素，分析企业在融资约束下的退出决策。在实证方面，本章使用中国工业企业数据，分析企业融资约束对企业退出的影响机制。本章的实证分析对该领域的实证分析有一定的贡献。

本章的主要贡献有两方面：一是提炼了融资约束、企业退出与资源配置的典型事实，发现退出企业普遍面临很紧的融资约束，退出企业远非生产率最低的企业，市场机制通过减少低生产率企业的市场份额使资源得到了优化配置。二是使用中国工业企业数据检验了融资约束、信贷市场效率对企业退出的影响，发现融资约束确实提高了企业退出风险，并且随着融资约束程度的增加，企业退出风险加速递增；信贷市场效率的提高增加了低生产率企业的退出风险，随着企业生产率的提高，企业退出风险显著降低，因此信贷市场效率提高显著减少了经济中的资源误配。本章的研究大大丰富了我们对融资约束对企业退出影响的认识。

本章接下来的安排如下：第二节为理论分析；第三节介绍本章实证分析所用的计量方法和企业退出的典型事实；第四节对回归结果进行分析；融资约束可能会导致资源误置，因此第五节进一步分析金融发展是否会通过优化资源配置以释放生产率；第六节为本章的小结。

第二节　理论模型

一、企业生产问题

Hopenhayn（1992）建立了生产率冲击对企业退出影响的理论模型，Arellano 等（2009）构建了金融发展对企业退出影响的理论模型。本章借鉴 Hopenhayn (1992) 和 Arellano 等(2009) 的基本理论框架,分析企业在融资约束下的退出决策。假定一个产业中存在数量众多但总数不变的企业家,每个企业家最多经营一个企业,企业家要么在经营企业,要么在闲置之中,企业家为风险中性。企业的特征用向量 x 来刻画,$x = (k, b, c_f, w)$,其中 k 为企业现期资本存量,b 为企业现期债务,c_f 为企业每期期初投入的固定成本,w 为企业现期生产率。企业生产率服从一阶马尔可夫链分布,分布函数为 $F(w' \mid w)$,其中 w' 为企业下一期的生产率冲击,$F(w' \mid w)$ 是 w、w' 的连续函数,且为 w 的严格减函数,这意味着企业在下一期拥有高生产率的概率随着当期生产率的增加而增加(Hopenhayn, 1992)。企业面临概率为 λ 的外生性退出冲击,其中 $0 < \lambda < 1$,例如遇到自然灾害、产业政策变化等不可抗拒因素使企业被迫退出市场。假定企业家没有自有资金,企业不进行储蓄,银行贷款是企业唯一的资金来源。贷款合同为 $[R'(x, b'), b']$,b' 为企业期初得到的贷款数量,$R'(x, b')$ 为企业的贷款利率,企业期末需还款 $(R'+1)b'$。贷款合同为有限责任,企业可以根据经营状况决定是否退出市场。当企业退出市场时,企业的债务清零,同时企业家失去企业。

借鉴 Arellano 等(2009)的做法,假定企业的生产函数为 $y = wk^a$,其中,$0 < a < 1$,产出的价格标准化为 1。资本的折旧率为 δ,折现率为 β,$\beta = \dfrac{1}{1+\gamma}$,$\gamma$ 为无风险利率,其中,$0 < \delta < 1$,$\gamma > 0$,$0 < \beta < 1$。企业在无约束下的一阶最优规模为:

$$k^* = \left(\frac{\delta}{aw}\right)^{\frac{1}{a-1}}$$

它是企业生产率的增函数,在无约束下,生产率越高,企业的规模就越大。企业经营的目标为价值最大化,企业的价值函数为:

$$V(x) = \max\{V^c(x), V^e(x)\} \tag{2.1}$$

$V^c(x)$ 为继续生产的价值,它是最大化各期分红的现值之和;$V^e(x)$ 为企业退出市场的价值。其中:

$$V^c(x) = \max_{k', b'}\{wk^a - [k' - (1-\delta)k] - c_f + b' - (R+1)b\} \\ + \beta E[(1-\lambda)V^c(x') \mid w] \tag{2.2}$$

$$\text{s. t. } g(x) = wk^a - [k' - (1-\delta)k] - c_f + b' - (R+1), b \geqslant 0 \tag{2.3}$$

式(2.3)表示企业的非负分红约束,$g(\boldsymbol{x})$表示企业的分红,R表示上一期的贷款利率,$[k'-(1-\delta)k]$为企业的新增投资。假定银行为风险中性,银行业为竞争性行业,银行的预期利润为零。Arellano 等(2009)认为金融市场摩擦使银行发放贷款需要支付固定成本以收集借款人的信息,以及监督借款人。借鉴这一思想,假设银行发放每笔贷款需要支付固定成本c_b,固定成本主要用于收集企业资产、负债、生产固定成本、生产率、生产率分布等信息,以及在此基础上预测企业的退出概率。当企业退出市场时,银行的收益为0。那么有:

$$[b'+c_b](1+\gamma) = b'(R'+1)(1-\lambda)\Big[1-\int e(x')f(w'\mid w)\mathrm{d}w\Big], b'>0$$

于是有:

$$R' = \frac{[b'+c_b](1+\gamma)}{b'(1-\lambda)\big[1-\int e(x')f(w'\mid w)\mathrm{d}w\big]} - 1 \qquad (2.4)$$

式中,$e(x')$为企业内生性退出的示性函数,退出取值1,否则取值0;$f(w'\mid w)$为$F(w'\mid w)$的密度函数;$\int e(x')f(w'\mid w)\mathrm{d}w$为企业内生退出概率,企业生产率越高,获利的可能性就越大,退出的概率就越小,贷款利率R'就越小,故R'是生产率w的单调减函数;信贷市场效率越高,贷款固定成本c_b就越小,由式(2.4)知贷款利率R'便越低,R'是贷款固定成本c_b的单调增函数。银行根据自身的利润最大化向企业提供贷款合同$[R'(x,b'),b']$,贷款利率R'反映企业承担的融资成本,同时也充分体现了企业的退出风险。

二、企业退出决策

假定当企业退出市场时,企业家在下一期有概率为σ的可能性创办一个新企业。由式(2.2)知,$V^c(\boldsymbol{x})$关于k,b,c_f为连续可微函数。于是假定新创办企业的值函数为$V^c(0,0,0,w_0)$,其中w_0为新创办企业的初始生产率,由企业家的才能决定,对既定的企业家,w_0为既定。企业退出市场的值函数为:

$$V^e(w_0) = \max\{0, \sigma V^c(0,0,0,w_0)\} \qquad (2.5)$$

　　企业依以下顺序作出决策:在期初,有比例为 λ 的企业由于外生性冲击退出市场,所有剩余的企业确认当期的生产率冲击为 w,状态为 x 的企业在期末决定是否退出市场。若退出,它的债务清零,同时企业家失去企业;若继续生产,企业选择一个贷款和资本投入量,以及投入固定生产成本进入下一期。满足以下两个条件中的任一条均会导致企业退出市场。

　　条件一:企业退出的价值大于留在市场的价值,即

$$V^e(w_0) > V^c(x) \qquad (2.6)$$

　　由式(2.2)知,$V^c(x)$ 关于贷款利率 R' 为单调减函数;由式(2.4)知,R' 为生产率 w 的单调减函数;再结合式(2.2)中的生产率可知,$V^c(x)$ 是生产率 w 的单调增函数。当式(2.6)两边的退出市场的价值和留在市场的价值相等时,便产生企业退出的临界生产率 w^*,生产率低于该值的企业退出市场。本书称在融资约束下企业生产率低于临界生产率而退出市场的约束为盈利性约束。

　　条件二:式(2.3)所表示的非负分红约束没有得到满足,即

$$g(x) < 0 \qquad (2.7)$$

　　由 $g(x)$ 的表达式可知,企业即使当前利润达不到非负分红条件,也依然可以通过增加外部融资(增加 b')获得流动性来满足非负分红条件。故式(2.7)可以看作企业的流动性约束。当企业的流动性没有得到满足时,企业被迫退出市场,即使企业的生产率大于退出市场的临界生产率。

　　由于 $V^c(x)$ 是 $g(x)$ 的单调增函数,所以无论是通过盈利性约束还是流动性约束,企业生产率、资本存量、负债和贷款固定成本对企业退出的影响机制都是一样的。生产率通过两个渠道影响企业的利润:一是生产率越高边际成本越低,企业的利润就越高;二是生产率越高,企业获利的可能性就越高,退出的风险就越小,企业贷款利率 R' 就越小,融资成本就越小,利润就越高。企业的利润越高,企业的价值和流动性就越高,退出风险就越小。基于以上分析提出以下假说。

　　假说 2.1:企业的生产率与企业的退出风险负相关。

　　由式(2.4)知,贷款利率 R' 是贷款固定成本 c_b 的单调增函数,于是 $V^c(x)$、$g(x)$ 是 c_b 的单调减函数。信贷市场越有效率,贷款固定成本就越小,企业的融资成本就越小,利润就越大,退出风险就越小。然而必须注意到,这种作用仅仅发生在高效率的企业。随着金融市场摩擦的减少,银

行收集企业信息越来越方便,银行只需花费很少的固定成本就能甄别出低效率、高风险的企业,从而会对这类企业定更高的贷款利率,提高了低效率企业的融资成本和它的退出风险。在实证检验中本章使用信贷市场效率作为贷款固定成本的代理变量。于是提出以下假说。

假说 2.2:信贷市场效率提高会提高低效率企业的退出风险,随着企业生产率的提高,退出风险将显著下降。

由式(2.2)、式(2.3)知,$V^c(x)$、$g(x)$ 是资本存量 k 的单调增函数,在其他条件不变的情况下,企业的资本存量 k 越大,企业的价值和流动性就越高,企业退出风险就越小。同时 $V^c(x)$、$g(x)$ 是负债 b 的单调减函数,企业负债越多,其价值和流动性就越低,退出风险就越大。原因在于企业负债越多,企业需支付的融资成本 Rb 就越高。这需要企业有更高的生产率来产生利润以弥补融资成本,使企业在市场存活,进一步提高企业退出的临界生产率,从而提高企业的退出风险。由以上分析可知,企业的负债与资本存量的比值 $\dfrac{b}{k}$ 越大,企业退出风险就越大。在实证分析中,本章用企业固定资产净值作为企业资本存量的代理变量,于是提出以下假说。

假说 2.3:企业的负债资产率与企业的退出风险正相关。

Arellano 等(2009)证明,在既定的金融发展水平、企业规模和生产率条件下,企业的贷款额存在一个上界,并非企业愿意接受更高的贷款利率,就一定能得到更多的贷款[①]。原因在于在既定企业规模、生产率以及贷款有限责任条件下,当贷款规模增加到一定程度时,企业的违约风险会加速提高,当银行预期到这种风险时,也会迅速提高贷款利率,从而使企业的融资成本加速增加,企业的退出风险进一步提高。由上面的分析可知,在既定的资本存量 k 下,随着负债 b 的增加,企业的退出风险加速提高。于是提出以下假说。

假说 2.4:企业的负债资产率对企业退出风险的影响并非线性的,而是随着负债资产率的上升,退出风险加速增加。

---

① 具体证明过程此处不作复述,请参考 Arellano 等(2009)。

第三节　数据说明与计量模型设定

一、计量模型设定

在经济研究领域,生存分析方法广泛应用于研究企业退出行为(Agarwal et al.,2001;Disney et al.,2003; Falck,2007;Yang et al.,2012),本章的实证分析采用生存分析方法。生存分析的核心概念为风险函数 $h(z)$,它表示企业在第 $z-1$ 期存在的条件下,第 z 期退出的概率。本章所关注的风险事件为企业退出市场,把企业依然存留在市场定义为存活。尽管企业退出事件可以发生在连续时间的任何一个时刻,但本书所使用的工业企业数据是以 1 年为间隔单位度量的,本章的处理方法与Esteve-Pérez 等(2013)的类似,使用离散时间风险模型。具体地,令 L 表示企业存活在市场上的时间长度,L 取值为一系列正整数 $z=1,2,3,\cdots$。一个企业在市场上可能有完整的持续时间段(记为 $c_i=1$),也可能是右删失时间段的(记为 $c_i=0$),其中 i 表示某个特定的持续时间段。企业在市场上的生存函数可定义为:

$$S_i(z) = \Pr(L_i > z) = \prod_{k=1}^{z} (1 - h_{ik}) \tag{2.8}$$

式中,$L_i = \min\{L_i^*, C_i^*\}$,$L_i^*$ 为完整时间段的时间长度潜变量,C_i^* 为右删失时间段的时间长度潜变量;h_{ik} 为风险函数,它的定义为企业在第 $z-1$ 期依然在市场的条件下,第 z 期退出市场的概率。于是有:

$$
\begin{aligned}
h_i(z) &= \Pr(z-1 < L_i < L_i \leqslant z \mid L_i > z-1) \\
&= \Pr(z-1 < L_i \leqslant z)/\Pr(L_i > z-1)
\end{aligned}
\tag{2.9}
$$

本章首先分析企业生存概率怎样随时间而变化,然后分析企业融资约束和生产率如何影响企业的退出风险。对企业生存函数的估计,本章采用 Kaplan-Meier 非参数估计方法,它可以表示为:

$$S(z) = \prod_{k=1}^{z} \left[\frac{n_k - d_k}{n_k} \right] \tag{2.10}$$

式中,n_k 为在第 k 期处于风险状态的个体数量,d_k 为在第 k 期被观察到"失败"的个体数量(即退出市场的企业数量)。

令 y_{ik} 表示企业退出市场的二值变量,当企业退出时取值 1,否则取值 0。当企业在第 L_i 期退出时,$c_i = 1$,对于 $k = L_i$,$y_{ik} = 1$;对于 $k < L_i$,$y_{ik} = 0$;对于 $c_i = 0$,均有 $y_{ik} = 0$。那么关于 y_{ik} 的对数似然函数可以写为:

$$\ln L = \sum_{i=i}^{n} \sum_{k=i}^{n} [y_{ik} \ln h_{ik} + (1 - y_{ik}) \ln(1 - h_{ik})] \tag{2.11}$$

该表达式与二值被解释变量回归模型的对数似然函数是一样的,因此包含时变量的离散时间风险模型可以用二值被解释变量模型估计。本章采用半参数离散时间比例风险模型,假定离散时间风险率 h_{ik} 服从互补双对数(complementary log-log)分布(Prentice et al. 1978),与 Esteve-Pérez 等(2013)、毛其淋等(2013b)的做法类似,本章采用 cloglog 生存模型进行估计,基本回归模型设定为:

$$\text{cloglog}(1 - h_{it}) = \beta_0 + \beta_1 \ln \text{DAR} + \beta_2 \ln \text{tfp} + \beta X + \varphi_t + v_t + v_i + \varepsilon_{it} \tag{2.12}$$

模型的被解释变量为企业是否退出市场的虚拟变量,用 Exit 表示,当企业在第 t 期退出时,Exit = 1,否则 Exit = 0。对于企业退出状态的确认,本章与 Disney 等(2003)、李平等(2012)、毛其淋等(2013a)的研究相似,如果企业在第 $t-1$ 期存在,第 t 期及之后均不存在,那么确认企业在第 $t-1$ 期退出市场①。我国证券市场发展相对滞后,银行信贷依然是企业外源融资的主要形式。我国企业中绝大部分是中小企业,大多数企业达不到公开发行股权融资的条件。鉴于此,本章与目前研究中国企业融资约束的大多数文献类似(Feenstra et al.,2013;李志远等,2013;马光荣等,2014),从企业负债融资角度去测量企业的融资约束。在实证分析中,负债资产率被广泛使用,用以测量融资约束(Whited,1992;Harrison et al.,2003;Héricourt et al.,2009)。负债资产率一方面反映了企业对外部资金的依赖程度,数值越高企业越依赖外部资金;另一方面,也反映了企业的融资能力,数值越高企业可用的相对抵押品就越少,企业的融

---

① 值得注意的是,在非国有企业中工业数据库只包括规模以上(销售收入在 500 万元及以上)的企业,有些非国有企业退出工业数据库可能是因为由规模以上变为规模以下,而非直接退出,工业数据库提供的信息无法把它们有效识别,按文献通常的做法(例如,余淼杰,2010;李平等,2012),我们依然把它视为退出市场。同时我们的分析表明,企业规模萎缩是企业退出前的显著征兆。

资能力就越弱。本章用负债总额与固定资产净值的比值（取对数）ln DAR 作为企业融资约束的代理变量，这也与本章的理论推导一致。OP 法估算企业全要素生产率能有效解决 OLS 估计中产生的内生性以及样本选择问题，本章使用 OP 法估计企业生产率（取对数）ln tfp$_{op}$。

式（2.12）中 X 为控制变量集，其中企业层面的控制变量包括：企业规模，用企业资产总额（取对数）ln Asset 度量；企业年龄（取对数）ln Age；企业资本密集度 Kintensity；国有企业虚拟变量 SOEs。二位码行业层面的控制变量包括：国内市场竞争度，用赫芬达尔指数 HHI 度量[①]；对外开放度 Openness，用行业的出口交货值除以行业的工业增加值测量。工业企业数据库缺少 2004 年的出口交货值，本章用 2003 年的对外开放度和 2005 年的对外开放度的均值作为 2004 年的对外开放度。i 为企业标识，v_t 和 v_i 分别表示年份特定效应和企业个体效应；h_{it} 表示企业 i 在时间 t 所面临的退出风险；φ_t 为基准风险率[②]；ε_{it} 为随机干扰项。

二、数据说明

本章使用 1998—2007 年中国工业企业数据库中的制造业数据，选取其中二位码为 13~37、38~42 的行业数据，并依据 Feenstra 等（2013）的方法对其中不合理的观测值进行剔除。具体而言，本书删除满足以下 5 个条件中任何一条的观测值：关键财务指标缺失或无效；职工人数少于 8 人；流动资产、固定资产原值、固定资产净值大于总资产；企业编码缺失；成立时间无效。最终本章使用 1998—2006 年共 9 年的数据[③]。由于 2003 年之后我国使用了新的行业代码（GB/T 4754—2002），本书借鉴 Brandt 等（2012）的办法把它与 GB/T 4754—94 版本的行业代码进行统一。投入产出价格的波动会影响到实际资本存量的估算以及生产率的准确估计，对于不同年份、不同行业的投入产出价格，我们同样使用

---

① $\text{HHI} = \dfrac{1}{\sum\limits_{i=1}^{n}\left(\dfrac{x_i}{X}\right)^2}$，其中 n 为企业所在二位码行业的企业数量，x_i 为企业 i 的销售额，X 为企业所在二位码行业的销售额。

② 我们把基准风险函数的形式设定为持续时间的自然对数 ln$t$，出于节省篇幅，本书未报告该函数的回归系数。

③ 只使用 1998—2006 年数据，是因为 2007 年数据仅用于识别企业在 2006 年是否退出。

Brandt 等(2012)提供的办法,以 1998 年为基年,按四位码行业进行分行业平减。工业企业数据库中每个企业都有自己的法人代码,可以依此识别企业的退出状况。然而,考虑到企业在样本期内发生重组、所有权变更等活动,导致企业变更法人代码,而实际没有退出市场,因此简单使用企业代码识别企业退出状况会高估退出概率,并不准确。我们使用 Brandt 等(2012)的方法对企业样本进行匹配,基本步骤如下:第一步,匹配连续两年的数据,先使用企业法人代码进行匹配。对未能匹配的数据,使用企业名称、法人名称、城市代码、行业代码、电话号码或它们的组合进行匹配。第二步,匹配连续三年的数据,方法与第一步类似,目的在于进一步提高同一企业被匹配的概率①。第三步,赋予匹配出来的同一家企业唯一代码,然后组成一个十年的非平衡面板数据。这个方法增加了成功匹配的企业,降低了企业退出的概率。本章计算出 1998—2006 年9 年间,企业各年的退出概率为 11%～23.7%,9 年的平均退出概率为16.3%,比毛其淋等(2013a)、李平等(2012)算得的退出概率稍低。表2.1 是主要变量的统计性描述②。

表 2.1　主要变量的统计性描述

变量		全部样本企业	非国有企业	国有企业	非出口企业	出口企业	劳动密集型企业	资本密集型企业	小企业	大企业
Exit	均值	0.163	0.152	0.228	0.181	0.123	0.189	0.153	0.232	0.117
	标准差	0.369	0.359	0.419	0.385	0.328	0.392	0.360	0.422	0.322

---

①　例如,A 企业在第二年没有匹配到任何企业,通过连续三年匹配,A 企业在第三年与 C 企业匹配,C 企业在第二年与 B 企业匹配,这样我们就可以确认 A 企业和 B 企业是同一家企业。

②　本表统一的时间跨度为 1998—2006 年。本书把国有企业之外的企业统一归为非国有企业;把全部样本按资本密集度以升序的形式排序,25 百分位之前的样本定义为劳动密集型企业,75 百分位之后的样本定义为资本密集型企业;把全部样本按总资产以升序的形式排序,25 百分位之前的样本定义为小企业,75 百分位之后的样本定义为大企业;把出口交货值大于 0 的企业定义为出口企业,小于等于 0 的企业定义为非出口企业,工业企业数据库缺少 2004 年的出口交货值,故对出口企业和非出口企业仅统计了 1998—2003 年和2005—2006 年共 8 年的均值。

续　表

变量		全部样本企业	非国有企业	国有企业	非出口企业	出口企业	劳动密集型企业	资本密集型企业	小企业	大企业
ln DAR	均值	0.584	0.569	0.674	0.547	0.628	1.315	0.047	0.551	0.579
	标准差	1.219	1.247	1.022	1.237	1.148	1.376	1.023	1.344	1.065
ln tfp$_{op}$	均值	1.827	1.845	1.718	1.807	1.880	1.809	1.866	1.728	1.957
	标准差	0.221	0.181	0.365	0.235	0.181	0.205	0.243	0.238	0.197
ln Asset	均值	9.650	9.564	10.150	9.497	10.078	8.773	10.714	8.004	11.558
	标准差	1.429	1.320	1.896	1.353	1.547	1.126	1.437	0.586	0.967

从该表可以初步看出,国有企业的平均退出概率比非国有企业高,非出口企业的平均退出概率比出口企业高,劳动密集型企业的平均退出概率比资本密集型企业高,小企业的平均退出概率比大企业高很多。

三、融资约束、企业退出与资源误置的典型事实

为了解企业在退出和退出前的市场份额、生产率(ln tfp$_{op}$)以及融资约束(ln DAR)的变化趋势,对退出企业这三个指标分别进行统计,结果如表 2.2、表 2.3 和表 2.4 所示。统计方法如下:根据企业的销售收入计算企业的相对市场份额,例如在表 2.2 中 1999 年退出的企业在 1998 年的相对市场份额为 62%,它是用 1999 年退出的企业在 1998 年的平均销售收入除以 1998 年全部企业的平均销售收入而得。它表明 1999 年退出的企业在 1998 年的平均销售收入仅为 1998 年全部企业平均销售收入的 62%。表 2.3 和表 2.4 中的相对生产率以及相对负债资产率计算方法与表 2.2 相同。由表 2.2 可以看出企业在退出前相对市场份额存在明显萎缩的趋势,从表 2.3 可以看出企业在退出前相对生产率存在明显的下降趋势。由此可得,企业在退出前存在明显的衰退征兆。这也进一步验证了 Hopenhayn (1992)和 Melitz(2003)的结论,即低生产率企业的规模会不断萎缩,直到退出市场。由统计结果可以看出,即将退出的企业的市场份额和生产率均有下降的趋势,这表明市场机制在资源配置上是有效率的,它通过减少低生产率企业的市场份额使资源配置得到优化。

表 2.2　企业退出前的相对市场份额变化　　　　单位:%

企业	1998年	1999年	2000年	2001年	2002年	2003年	2004年	2005年	2006年
1998 年退出的企业	50								
1999 年退出的企业	62	49							
2000 年退出的企业	75	68	57						
2001 年退出的企业	84	74	64	49					
2002 年退出的企业	94	90	83	71	57				
2003 年退出的企业	100	91	82	78	69	58			
2004 年退出的企业	121	111	100	86	76	72	58		
2005 年退出的企业	128	117	104	95	83	81	72	62	
2006 年退出的企业	131	120	110	100	91	83	79	68	61
当年全部企业	100	100	100	100	100	100	100	100	100

表 2.3　企业退出前的相对生产率变化　　　　单位:%

企业	1998年	1999年	2000年	2001年	2002年	2003年	2004年	2005年	2006年
1998 年退出的企业	91.57								
1999 年退出的企业	95.14	90.12							
2000 年退出的企业	99.20	97.70	93.16						
2001 年退出的企业	99.39	97.95	96.00	90.87					
2002 年退出的企业	100.57	99.04	97.41	96.10	91.45				
2003 年退出的企业	102.75	101.71	100.13	98.82	97.74	94.14			
2004 年退出的企业	103.13	102.26	101.43	99.71	98.30	97.24	95.02		
2005 年退出的企业	104.47	103.75	102.58	101.77	100.24	99.53	98.06	94.50	
2006 年退出的企业	103.57	103.15	102.10	100.97	100.02	99.35	98.91	97.49	95.34
当年全部企业	100	100	100	100	100	100	100	100	100

　　从表 2.4 可以看出,企业在退出前,其融资约束总体上有上升的趋势,尽管在 1999 年、2000 年和 2003 年退出的企业这一趋势并不明显。另一个特征是,除了 2003 年退出的企业之外,退出企业在退出当年和退出前的两三年,其平均融资约束均比当年总体企业高,尤其是在退出当年。从统计结果看,融资约束很可能是企业退出的一个原因。

表 2.4　企业退出前的融资约束变化　　　　　　　　单位:%

企业	1998年	1999年	2000年	2001年	2002年	2003年	2004年	2005年	2006年
1998年退出的企业	102.77								
1999年退出的企业	114.66	113.07							
2000年退出的企业	104.72	103.27	101.48						
2001年退出的企业	103.75	105.23	108.22	108.83					
2002年退出的企业	93.00	95.59	99.84	103.50	104.47				
2003年退出的企业	97.07	93.95	96.22	96.67	98.63	93.75			
2004年退出的企业	101.79	103.10	116.61	117.83	123.71	132.62	134.87		
2005年退出的企业	91.86	91.34	94.24	99.33	104.81	108.40	115.20	111.36	
2006年退出的企业	91.21	91.99	97.86	97.33	102.58	103.32	102.24	105.77	104.16
当年全部企业	100	100	100	100	100	100	100	100	100

　　表 2.5 统计了退出企业样本组和最低生产率企业样本组的生产率（ln tfp$_{op}$）和融资约束（ln DAR）。统计方法如下:例如 1998 年退出企业为 19512 家,这些企业组成退出企业样本组。再选取 1998 年生产率最低的 19512 家企业组成最低生产率样本组,其他年份的退出样本组和最低生产率样本组同样由该方法产生。从总体上看,退出样本组的生产率均值为 1.740,最低生产率样本组的生产率均值为 1.499,退出样本组的生产率均值比最低生产率样本组高 16.1%;退出样本组的融资约束均值为 0.636,也比最低生产率样本组的 0.540 和全部企业样本的 0.584 要高,分别高 17.8% 和 8.9%。由统计结果可知,退出企业普遍面临较紧的融资约束,这进一步表明融资约束可能是企业退出的一个原因。从表 2.5 的结果看,平均而言,退出企业并非生产率最低,融资约束可能导致部分高生产率企业退出,破坏了经济中的优胜劣汰机制,造成了经济整体上的资源误配。下文通过数据回归探讨它们的因果关系。

表 2.5　退出企业样本组和最低生产率企业样本组的生产率和融资约束

年份	退出企业样本数/家	生产率均值		负债资产率均值		
		退出样本组	最低生产率样本组	退出样本组	最低生产率样本组	全部样本
1998 年	19512	1.646	1.346	0.631	0.621	0.614
1999 年	19008	1.645	1.374	0.692	0.617	0.612
2000 年	24720	1.707	1.485	0.617	0.597	0.608
2001 年	17716	1.694	1.446	0.653	0.599	0.6
2002 年	18429	1.719	1.481	0.608	0.539	0.582
2003 年	31400	1.775	1.595	0.480	0.404	0.512
2004 年	26720	1.768	1.508	0.905	0.603	0.671
2005 年	21384	1.803	1.546	0.598	0.481	0.537
2006 年	27229	1.831	1.597	0.576	0.481	0.553
合计	206118	1.740	1.499	0.636	0.540	0.584

第四节　回归结果与分析

一、基准回归结果

先使用 Kaplan-Meier 非参数方法估计全部样本企业以及不同类型企业的生存概率,然后把它们配制成曲线,如图 2.1 所示[①]。

从图 2.1 我们可以看出,全部样本企业的生存概率随着时间的推移比较匀速地下降。从分类样本看,国有企业的生存概率比非国有企业下降得更快,一个可能的原因是非国有企业仅包括规模以上企业,国有企业既包括规模以上企业,也包括规模以下企业,而规模以下企业退出概率更高。劳动密集型企业的生存概率比资本密集型企业下降得更快。非出口企业的生存概率比出口企业下降得更快。平均而言,国有企业、劳动密集型企业和非出口企业分别比非国有企业、资本密集型企业和出

---

① 图 2.1 的样本分类方法与表 2.1 相同。

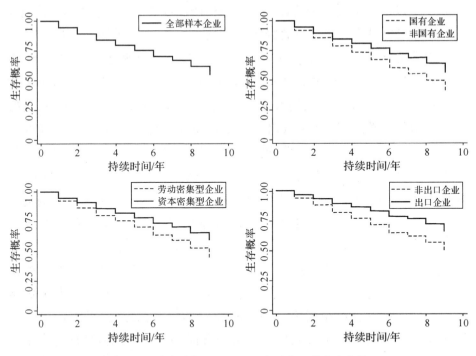

图 2.1　全部样本企业和不同类型企业的生存曲线

口企业有更高的退出风险,这与表 2.1 的统计结果是一致的。接下来进行更复杂的分析,考察融资约束如何影响企业的退出风险,国有企业、非出口企业和劳动密集型企业有更高的退出风险是否与它们所受的融资约束有关。

通过对式(2.12)模型的估计,得到表 2.6 的基准回归结果。表 2.6 结果的回归系数已全部转化为概率比的形式,系数大于 1 表示解释变量与被解释变量存在正相关关系,小于 1 表示解释变量与被解释变量存在负相关关系。从结果可以看出,ρ 系数的 P 值均为 0,表明该模型设定应该考虑企业个体异质性[①]。从回归方程(1)可以看出,ln tfp$_{op}$ 的回归系数为 0.3379,这与 Yang 等(2012)和 Eslava 等(2013)得到的结果一致。表明生产率 ln tfp$_{op}$ 每提高 1 单位会让企业退出风险降低 66.21%(0.3379－1＝－0.6621)。ln DAR 的回归系数为 1.057,这表明融资约束 ln DAR 的值每增加 1,会导致企业退出风险相应增加 5.7%(1.057－1＝

---

　①　由于样本数据含有非时变变量,本章采用随机效应处理企业个体异质性。

0.057)。以上结果进一步验证了理论分析的假说2.1和假说2.3。其他变量对企业退出风险大多有显著的影响,但这些不是本章关注的变量。

为了考察融资约束是否对负债资产率不同的企业有不同的影响,本章在回归方程(2)中添加了交叉项 ln DAR × ln DAR。变量 ln DAR 和 ln DAR × ln DAR 的系数均大于1。这表明,负债资产率高的企业,当融资约束增加1单位时,企业退出风险增加更多。随着融资约束程度的增加,企业的退出风险加速递增,进一步验证了理论分析的假说2.4。在回归方程(3)中添加了融资约束与国有企业虚拟变量的交叉项 ln DAR × SOEs。变量 ln DAR 和 ln DAR×SOEs 的系数均大于1。这表明融资约束对国有企业退出的影响更大。原因可能是,与非国有企业只包含规模以上企业相比,国有企业包含了所有规模的企业。一方面,小企业固定资产较少,负债往往也较少,当企业对外部资金的需求增加而无法提供有效的抵押品进行融资时,企业陷于流动性约束之中,现实中由于资金链断裂而破产的企业相当多,尤其是中小企业。企业这种情形的退出可以看作满足理论分析中的条件二。另一方面,表2.1表明,平均而言小企业的生产率远远比大企业低,这也使它在受融资约束时更容易退出。在回归方程(4)中添加了融资约束与资本密集度的交叉项 ln DAR × Kintensity,然而该系数并不显著。这表明融资约束对资本密集度不同的企业的退出风险的影响并没有显著差异。在回归方程(5)①中添加了融资约束与企业是否出口的虚拟变量交叉项 ln DAR × Export,当企业出口交货值大于零时,Export 取值1,否则取值0。ln DAR 的系数大于1,ln DAR×Export 的系数小于1。这表明融资约束对出口企业的退出风险影响较小。原因可能是,一方面,出口企业很大一部分为外资企业,其中很大一部分是跨国企业在中国的分公司,这些企业容易从国外母公司获得成本低廉的资金(李志远等,2013),这使它们不容易受流动性约束;另一方面,进入出口市场的企业是生产率高的企业(Melitz,2003),高生产率有利于企业获得低成本资金,拓展海外市场,增加企业利润,降低企业退出的风险。

----

① 由于工业企业数据库缺少2004年的出口交货值,所以该回归方程剔除了2004年的数据,仅使用剩下的8年数据。

表 2.6 基准回归结果

被解释变量： Exit	xtcloglog				
	(1)	(2)	(3)	(4)	(5)
ln DAR	1.0570 ***	1.0283 ***	1.0510 ***	1.0590 ***	1.0545 ***
	(87.56)	(32.24)	(39.21)	(87.72)	(17.69)
ln DAR× ln DAR		1.0261 ***			
		(46.08)			
ln DAR× SOEs			1.0433 ***		
			(5.92)		
ln DAR× Kintensity				>0.999	
				(−1.52)	
ln DAR× Export					0.9126 ***
					(−18.81)
ln tfp$_{op}$	0.3379 ***	0.3410 ***	0.3377 ***	0.3389 ***	0.3527 ***
	(−38.75)	(−39.54)	(−44.17)	(−42.55)	(−57.79)
ln Asset	0.7982 ***	0.8048 ***	0.7988 ***	0.7990 ***	0.8164 ***
	(−44.51)	(−44.55)	(−43.03)	(−35.63)	(−45.92)
SOEs	1.3035 ***	1.2922 ***	1.2629 ***	1.3028 ***	1.1976 ***
	(31.21)	(30.15)	(30.24)	(13.47)	(20.97)
ln Age	1.1247 ***	1.1275 ***	1.1253 ***	1.1244 ***	1.0890 ***
	(44.40)	(45.39)	(56.47)	(33.16)	(46.11)
Kintensity	1.0005 ***	1.0005 ***	1.0005 ***	1.0005 ***	1.0005 ***
	(10.41)	(10.13)	(9.19)	(5.34)	(10.41)
Wage	<1.0001	<1.0001	<1.0001	<1.0001	<1.0001
	(0.10)	(0.10)	(0.10)	(1.48)	(0.10)
Openness	1.0008	1.0004	0.9957	1.0066	1.0005
	(0.15)	(0.07)	(−0.82)	(2.57)	(0.09)

续 表

被解释变量：Exit	xtcloglog				
	(1)	(2)	(3)	(4)	(5)
HHI	<1.0001 ***	<1.0001 ***	<1.0001 ***	<1.0001 ***	<1.0001 ***
	(7.07)	(7.18)	(8.85)	(5.20)	(7.15)
年份特定效应	Yes	Yes	Yes	Yes	Yes
企业特定效应	Yes	Yes	Yes	Yes	Yes
ρ	0.2527 ***	0.2293 ***	0.2518 ***	0.2491 ***	0.1351 ***
	(0.00)	(0.00)	(0.00)	(0.00)	(0.00)
似然值	−510461	−509503	−510438	−510452	−442089
观察值个数	1210116	1210116	1210116	1210116	1042225

注：括号内为稳健性 z 值；*，**，*** 分别表明显著性水平为 0.1，0.05，0.01；ρ 为企业不可观测异质性方差占总误差方差的比例，对应括号内数值是它的 P 值。结果中"<1.0001"是指大于 1 小于 1.0001，">0.999"指大于 0.999 小于 1。

本章的实证检验结果与理论预测是一致的，企业生产率的提高降低了企业的退出风险，企业面临的融资约束增加了企业的退出风险，并且随着企业融资约束程度的增加，企业退出风险加速递增。

二、稳健性分析

上文分析中假定风险率 h_{ik} 服从互补双对数分布（对应 cloglog 模型），这一节再假定 h_{ik} 服从正态分布和 logistic 分布，分别对应 probit 模型和 logit 模型。表 2.7 给出了它们的回归结果，值得注意的是回归方程(7)(8)和(10)的回归系数均转化为概率比的形式，系数大于 1 表示解释变量与被解释变量存在正相关关系，小于 1 表示解释变量与被解释变量存在负相关关系。从该表的回归方程(6)结果可以看出，企业个体异质性方差占总方差的比例并不大；从回归方程(7)可以看出在 logit 模型中企业的个体异质性影响并不显著。为此本章在回归方程(8)~(10)中给出了不考虑企业个体异质性的 cloglog、probit、logit 模型的回归结果。由表 2.6 和表 2.7 可以看出稳健性回归方程(6)~(10)与回归方程(1)均得到了近似的结果。

表 2.7　稳健性回归结果

被解释变量：Exit	考虑企业个体异质性		不考虑企业个体异质性		
	(6)xtprobit	(7)xtlogit	(8)cloglog	(9)probit	(10)logit
ln DAR	0.0315 ***	1.0610 ***	1.0460 ***	0.0315 ***	1.0610 ***
	(47.78)	(57.56)	(26.71)	(57.71)	(59.01)
ln tfp$_{op}$	−0.729 ***	0.2745 ***	0.4513 ***	−0.7287 ***	0.2746 ***
	(−66.30)	(−66.80)	(−33.29)	(−134.54)	(−172.43)
ln Asset	−0.1048 ***	0.8210 ***	0.8314 ***	−0.1049 ***	0.8210 ***
	(−74.23)	(−57.78)	(−42.58)	(−109.23)	(−89.87)
SOEs	0.1425 ***	1.2619 ***	1.2678 ***	0.1425 ***	1.2618 ***
	(32.08)	(29.62)	(29.28)	(40.82)	(31.36)
ln Age	0.0574 ***	1.1096 ***	1.0960 ***	0.0574 ***	1.1096 ***
	(105.81)	(121.15)	(52.88)	(65.29)	(54.79)
Kintensity	0.0004 ***	1.0007 ***	1.0003 ***	0.0004 ***	1.0007 ***
	(17.19)	(17.15)	(4.14)	(74.82)	(61.35)
Wage	0.0000	<1.0001	<1.0001	0.0000 ***	<1.0001
	(0.09)	(0.08)	(0.12)	(7.49)	(0.11)
Openness	0.0017	1.0038	0.9961	0.0017	1.0038
	(0.60)	(0.83)	(−1.36)	(0.80)	(1.07)
HHI	0.0000 ***	<1.0001 ***	<1.0001 ***	0.0000 ***	<1.0001 ***
	(6.47)	(7.50)	(4.25)	(3.41)	(4.20)
年份特定效应	Yes	Yes	Yes	Yes	Yes
企业特定效应	Yes	Yes	No	No	No
ρ	0.0002 ***	0.0001			
	(0.00)	(0.412)			
似然值	−509549	−509438	−510955	−509538	−509438
观察值个数	1210116	1210116	1210116	1210116	1210116

注：括号内为稳健性 z 值；*，**，*** 分别表明显著性水平为 0.1,0.05,0.01；ρ 为企业不可观测异质性方差占总误差方差的比例，对应括号内数值是它的 P 值。结果中"<1.0001"是指大于 1 小于 1.0001。

通过对风险率 h_{ik} 作不同的设定,使用不同的回归模型,本章得到了近似的结果,这表明模型得到的结果是稳健的。这进一步表明融资约束确实会增加企业的退出风险。

第五节　融资约束与资源误配

一、基准回归结果

Melitz(2003)模型没有考虑企业面临融资约束,当考虑融资约束和金融市场存在摩擦时,Melitz(2003)的结论不一定成立。在一个有效的市场中,低效率企业退出、高效率企业进入是经济实现"创造性破坏"的重要途径(Schumpeter,1934)。然而当市场存在体制性摩擦,尤其是金融体制摩擦时,生产要素无法从低效率企业向高效率企业流动,就会造成经济总体效率的损失,这种损失称为资源误配。Restuccia 等(2008)、Alfaro 等(2008)和 Syverson(2010)均从理论和实证两方面分析并得出结论,发达国家和贫穷国家在全要素生产率上有差异,很大程度是因为贫穷国家存在严重的资源误配问题。Midrigan 等(2010),Buera(2002)和 Moll(2012)发现金融体制摩擦是导致资源误配的一个重要原因。马光荣和李力行(2014)发现,中国地区金融契约效率的提高确实会减少经济中的资源误配。

本章的理论分析指出,微观层面融资约束从两个渠道影响企业的退出行为。一是流动性约束。企业每期生产需要投入固定成本,当金融市场存在摩擦,企业无法顺利融资支付固定成本时,生产便无法正常进行,企业往往会被迫退出市场,即使企业的生产率达到盈利水平。在现实中经常看到一些效率很高的中小企业由于融资困难、资金链断裂而被迫倒闭的报道,尤其是私营企业。二是盈利性约束。面临融资约束的企业需要从外部融入资金,融资需要支付成本,融资成本提高了企业盈利的生产率要求,需要更高生产率产生高利润才能弥补这部分成本。与不受融资约束的企业相比,面临融资约束的企业即使生产率更高,也有可能因为亏损而退出市场。那么融资约束可能妨碍生产要素从低生产率企业向高生产率企业流动,造成经济中的资源误配。

自20世纪末开始,国有银行资本重组、股份制改革和新治理结构相继引入,银行的管理体制不断完善,加剧了银行业的竞争,迫使国有银行在信贷资源配置时,逐渐从服从政府融资偏好的行政性目标向追求盈利性的商业化目标转化,这在一定程度上提高了四大国有银行的信贷资金配置效率。与此同时,政府也通过组建股份制商业银行、引入外资银行来提高银行业的竞争力以提高效率,尤其是股份制商业银行的快速发展正在逐渐瓦解国有银行的垄断地位。可见,金融业市场化改革的逐步推进,将进一步提高资金配置效率,降低企业的融资成本,缓解企业融资约束,尤其是私营企业将在信贷市场上得到更公平的待遇。金融市场效率提高是否会通过把资金配置给有效率的企业,迫使无效率的企业退出市场,从而减少经济中的资源误配?下文通过进一步检验金融发展对企业退出的影响,回答该问题。

本节将地区信贷市场效率作为地区金融发展的代理变量。通过构建地区信贷市场竞争指数来测量信贷市场效率。构建方法如下:先计算某省份某年非国有银行贷款占该省总贷款的比例[①],再借鉴樊纲等(2011)的市场化指数[②]编制方法,把它编制成以1998年为基年的指数形式,这使该指标在纵向和横向更具有可比性。地区信贷市场竞争指数FEI_{ij}的计算公式如下:

$$\text{FEI}_{ij} = \frac{R_{ij} - R_{1998,\min}}{R_{1998,\max} - R_{1998,\min}} \times 10 \qquad (2.13)$$

式中,i,j分别表示年份和省份,R_{ij}表示省份j在i年非国有银行的贷款占该省总贷款的比例(简称贷款占比),$R_{1998,\min}$为1998年非国有银行贷款占比最小的省份的贷款占比,同理$R_{1998,\max}$为最大的贷款占比。将非国有银行在地区信贷中的份额作为信贷市场效率的理由:一是在非国

---

①　与《中国金融年鉴》划分类似,我们把中国工商银行、中国银行、中国建设银行、中国农业银行划分为国有银行,其他银行为非国有银行,非国有银行的贷款总额为省份的贷款总额减去国有银行在该省贷款总额的差。数据来自历年《中国金融年鉴》。

②　市场化指数由以下两个指数编制而成:一是金融业的竞争指数,它用非国有金融机构吸收存款占全部金融机构吸收存款的比例来衡量;二是信贷资金分配的市场化指数,它反映信贷资金在国有企业与非国有企业之间的分配状况。

有银行中股份制银行资产所占的比重最大,周逢民等(2010)、王兵等(2011)、丁忠明等(2011)发现股份制银行比大型国有银行更有效率,非国有银行贷款占比越高,表明信贷市场越有效率;二是非国有银行贷款占比越大,表明四大国有银行的垄断地位越不明显,市场竞争就越充分,效率就越高;三是本章经过统计,1998—2006 年四大国有银行的平均存贷比例为 72%,同期全国平均存贷比例为 74.7%[①],由此也可以看出,四大国有银行的效率低于全国金融机构的平均水平。与第四节的基准回归一样,本节也使用去除企业个体异质性的 cloglog 模型进行回归,除地区信贷市场竞争指数 FEI 外,回归中的其他变量与上文相同,结果如表 2.8 所示[②]。

表 2.8　金融发展与资源重置

被解释变量:Exit	xtcloglog				2SLS	
	信贷市场竞争指数(1)	信贷市场竞争指数(2)	信贷资金分配市场化指数(3)	信贷资金分配市场化指数(4)	信贷市场竞争指数(5)	信贷市场竞争指数(6)
FEI	1.019 ***	1.066 ***	0.961 ***	1.053 ***	0.026 ***	0.747 ***
	(8.23)	(5.47)	(−39.4)	(6.26)	(10.11)	(7.57)
FEI_tfp		0.974 ***		0.949 ***		−0.385 ***
		(−3.80)		(−11.29)		(−7.56)
ln DAR	1.083 ***	1.083 ***	1.062 ***	1.062 ***	0.003 ***	0.000
	(14.58)	(14.67)	(85.97)	(94.99)	(4.04)	(0.10)
ln tfp$_{op}$	0.238 ***	0.298 ***	0.336 ***	0.456 ***	−0.221 ***	3.328 ***
	(−28.61)	(−20.30)	(−45.17)	(−28.77)	(−50.90)	(7.06)
ln Asset	0.745 ***	0.744 ***	0.809 ***	0.812 ***	−0.091 ***	−0.052 ***
	(−19.58)	(−19.71)	(−49.49)	(−43.49)	(−67.65)	(−9.37)

①　数据来自历年《中国金融年鉴》,因缺失 2005、2006 年中国工商银行的存贷款数据,故国有银行存贷比统计中,2005、2006 年不包含中国工商银行的数据。

②　由于缺失 2005、2006 年中国工商银行和中国银行分地区的贷款数据,故在回归方程(1)(2)(5)和(6)中,我们仅使用 1998—2004 年的数据。

续　表

被解释变量：Exit	xtcloglog				2SLS	
	信贷市场竞争指数（1）	信贷市场竞争指数（2）	信贷资金分配市场化指数（3）	信贷资金分配市场化指数（4）	信贷市场竞争指数（5）	信贷市场竞争指数（6）
ln Age	1.176 ***	1.178 ***	1.143 ***	1.143 ***	0.004 ***	0.007 ***
	(22.98)	(23.07)	(46.34)	(47.04)	(4.24)	(6.43)
Kintensity	1.001 ***	1.001 ***	1.001 ***	1.001 ***	0.000 ***	0.000 ***
	(12.00)	(11.92)	(10.30)	(9.76)	(13.42)	(7.66)
Wage	<1.001	<1.001	<1.001	<1.001	−0.000	−0.000 ***
	(1.24)	(1.23)	(0.09)	(0.10)	(−1.32)	(−5.73)
Openness	0.988 *	0.988 *	1.007	1.008	0.005 **	0.022 ***
	(−1.69)	(−1.71)	(1.43)	(1.62)	(2.05)	(6.42)
HHI	>0.999	>0.999	<1.001 ***	<1.001 ***	0.000	−0.000
	(−0.07)	(−0.17)	(6.05)	(5.93)	(0.66)	(−0.05)
ρ	0.535 ***	0.54 ***	0.202 ***	0.188 ***		
	(0.000)	(0.000)	(0.000)	(0.000)		
年份效应	Yes	Yes	Yes	Yes	Yes	Yes
企业效应	Yes	Yes	Yes	Yes	Yes	Yes
似然值	−372084	−372067	−510156	−509933		
Cragg-Donald 统计量					17000	334
观测值个数	822358	822358	1210116	1210116	695358	695358

注：1.括号内为稳健性 z 值；*，**，*** 分别表明显著性水平为 0.1，0.05，0.01；ρ 为企业不可观测异质性方差占总误差方差的比例，对应括号内数值是它的 P 值。结果中"<1.001"是指大于 1 小于 1.001；">0.999"是指小于 1 大于 0.999。

2.2SLS 是指两阶段最小二乘法。

值得注意的是，表 2.8 中方程（1）（2）（3）（4）的回归结果均已转化为概率比形式，系数大于 1 表示解释变量与被解释变量存在正相关关系，小于 1 表示解释变量与被解释变量存在负相关关系。从回归方程（1）可以看出，地区信贷市场竞争指数 FEI 的值每增加 1，企业退出的风险相应增加 1.9%。在方程（2）中添加了信贷市场竞争指数 FEI 与企业生产率的交叉项 FEI_tfp,发现信贷市场竞争指数 FEI 的值每增加 1,企业的退出风险就会增加 6.6%,但企业生产率 $\ln \text{tfp}_{op}$ 每增加 1,其退出风险会下降 2.6%,这一结果与马光荣和李力行(2014)的结果近似。可见,信贷市场效率提高主要增加了低生产率企业的退出风险,可能原因是随着信贷市场竞争趋于激烈,银行在信贷资金发放时更注重风险和收益,使原来一部分低效率但可以通过超经济联系在信贷市场上得到低成本资金的企业失去了融资优势,从而增加了它们的退出风险。信贷市场效率提高通过增加低生产率企业的退出风险,降低高生产率企业的退出风险,使资源从低生产率企业流向高生产率企业,来提高经济中资源配置的效率。这进一步验证了理论假说 2.2。

二、稳健性分析

表 2.8 的回归方程(1)(2)并没有考虑内生性问题,当有更高退出风险的企业更倾向于选择信贷市场效率低的地区时,企业退出与金融市场发展便存在内生性。本节使用信贷市场效率指数滞后两年的数据作为信贷市场效率的工具变量,并通过 Cragg-Donald 检验发现不存在弱工具变量问题,接着使用两阶段最小二乘法对基准方程(1)(2)进行回归,结果分别见方程(5)(6)。从结果可以看出,在控制了内生性后,依然得到近似的结果,信贷市场效率的提高增加了低生产率企业的退出风险,随着生产率的提高,企业退出风险显著下降。同时,使用信贷资金分配市场化指数作为信贷市场效率的代理变量进行稳健性分析。信贷资金分配市场化指数构造方法如下:先计算某省份某年分配给非国有企业的信贷资金占总信贷资金的比例,再使用式(2.13)把这一比例编制成指数形式。信贷资金分配市场化指数来源于樊纲等(2011)编制的《中国市场化指数——各地区市场化相对进程 2011 年报告》,数据观测期为 1998—2006 年。在非国有企业普遍在信贷市场受到歧视的情况下,这一指数越大表明银行在分配信贷资金时越具有市场化特征。回归结果见方程(3)(4),从结果可以看出信贷资金分配市场化指数 FEI 每提高 1,企业总体退出风险下降 3.9%,可能原因是随着信贷资金分配的市场化,大量私营企业的融资环境得到改善,从而降低了私营企业的退出风险。信贷资金分配市场化同样提高了低生产率企业的退出风险,随着生产率的提高,

企业的退出风险显著下降,本节得到了与基准方程(1)(2)类似的结果。在控制了内生性以及使用不同的信贷市场效率指标后均得到了近似的结果,这表明本节得到的结果是相当稳健的。

第六节 小结

本章在 Hopenhayn(1992)和 Arellano 等(2009)的基本理论框架上引入融资约束因素,分析企业在融资约束下的退出决策。融资约束通过两个渠道影响企业的退出风险:一是通过流动性约束直接迫使企业退出市场;二是企业使用外部资金存在融资成本,这需要企业有更高的生产率产生利润来弥补这部分成本,从而提高企业留在市场的临界生产率,增加了企业的退出风险。金融市场效率提高通过减少金融摩擦,降低企业的融资成本,来降低高效率企业的退出风险。

接着本章使用中国工业企业数据对理论模型的预测进行检验,并且使用不同的回归模型得到近似的结果。实证分析结果有力地支持了理论模型得出的预测:企业生产率提高会降低企业退出风险;企业面临的融资约束会增加企业的退出风险,并且随着融资约束程度的增加,企业的退出风险加速增加。实证分析结果进一步表明,信贷市场效率提高会增加低生产率企业的退出风险,但随着企业生产率的提高,企业的退出风险显著下降,因此信贷市场效率提高通过促使资源从低效率企业向高效率企业流动,来显著提高经济中的资源配置效率。本章的研究大大丰富了我们对融资约束对企业退出行为影响的认识。

第三章　融资约束、出口贸易关系持续期与出口目的地广度

第一节　引言

　　不管是在出口额还是贸易广度方面,我国都已是名副其实的出口大国,但由出口贸易关系持续时间反映的出口质量却令人担忧。本章统计发现,2000—2005 年我国平均每年有 24.8% 的出口企业退出出口市场,有 42.2% 的出口企业退出目的地市场。不同所有制企业和不同目的地样本的出口贸易关系退出比例分别如图 3.1 和图 3.2 所示[1]。进入空白的出口目的地市场需要支付开拓成本,过高的出口贸易关系退出比例会导致出口资源的浪费。Manova 和 Zhang(2009)发现,2003—2005 年中国出口增长中有 28% 源于老企业增加了新的产品和出口目的地。过高的企业出口目的地退出比例也降低了中国出口增长的扩展边际。融资约束是否影响企业出口贸易关系的持续时间[2]? 这是本章要回答的问题。具体而言,本章研究主要回答以下两个问题:①融资约束是否影响企业出口贸易关系的持续时间;②融资约束是否影响企业的出口目的地(简称目的地)广度。

　　尽管当前有较多文献分析企业出口持续时间及其影响因素,但鲜有

---

　　① 图 3.1、图 3.2 对应的数据见表 2。

　　② 本书把企业进入某一出口目的地市场到退出该市场的状态称为出口贸易关系,从进入该市场到退出该市场所经历的时间称为出口贸易关系的持续时间。

文献分析融资约束对企业出口持续性的影响。企业出口需要支付固定成本和可变成本,当企业出口固定成本受到融资约束或由于流动性约束无法为出口货物提供更长时间垫资时,将直接影响企业海外新市场的开拓以及已有出口贸易关系的持续时间;同时,由于企业融资成本存在差异,融资成本高的企业需要更高的生产率产生利润来弥补这部分成本,因为它有更高的退出出口市场风险。因此在分析企业出口贸易持续时间时,忽略企业面临的融资约束显然是有缺陷的。

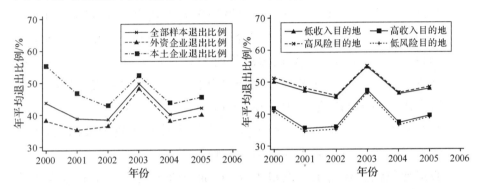

图 3.1 按企业分类退出比例　　　图 3.2 按目的地分类退出比例

当前有大量文献分析了融资约束对企业出口行为的影响,主要集中在对以下几个出口行为的分析:出口参与与出口规模(于洪霞等,2011;Peng et al.,2013;李志远等,2013;Feenstra et al.,2013)、出口业绩(Manova et al.,2014)、出口价格(Fan et al.,2012)、出口产品数量(Manova,2013)。然而,目前分析融资约束对企业出口贸易关系的持续时间以及出口目的地广度的影响的文献很少。企业更持久、更稳定的出口贸易关系以及更强的新目的地拓展能力,直接影响出口增长的扩展边际。鉴于此,研究融资约束对企业出口目的地的动态影响有丰富的政策含义。

本章使用中国出口企业的微观数据,检验融资约束对企业出口贸易关系持续期和出口目的地广度的影响,发现融资约束更紧的企业有更高的退出目的地风险,融资约束也进一步制约了企业扩展出口目的地广度,大大丰富了我们对融资约束影响企业出口行为的认识。

本章接下来的安排如下:第二节为本章的理论分析;第三节对本章实证分析所用的数据进行详细说明;第四节分析融资约束对企业出口贸易关系持续时间的影响;第五节分析融资约束对企业出口目的地广度的影响;

第六节为本章的小结。

第二节　融资约束影响企业出口决策的理论分析

Roberts 等（1997）、Clerides 等（1998）、Bernard 等（2001）和 Bernard 等（2004）均提出了企业进入退出出口市场的决策模型。Esteve-Pérez 等（2013）进一步把 Clerides 等（1998）的模型拓展为企业进入退出目的地模型。然而以上模型均没有直接考察企业生产率对企业进入退出决策的影响，而且以上模型假定企业在做决策时不存在流动性约束。当考虑企业面临流动性约束且外部融资存在金融摩擦时，融资约束直接影响企业进入退出出口市场的决策。本章在 Clerides 等（1998）和 Esteve-Pérez 等（2013）的基本理论框架上引入企业生产率异质性和融资约束因素，考察生产率和融资约束对企业进入退出目的地的影响。

假定异质性企业追求利润最大化，在面对进入沉没成本和未来不确定时企业作出是否出口到某目的地的决策，一旦作出进入决策，企业总能生产出最优出口数量的产量。以下 g、t 分别代表目的地和时期。企业首次进入某目的地市场需要支付沉没成本 F_g，该成本用于在目的地建立分销网络、投放广告、搜寻竞争者信息、收集目的地市场需求信息以及满足目的地市场的质量标准等。与此同时，每期出口到该目的地市场还需支付固定成本 M_g，该成本主要用于目的地市场的运作（Esteve-Pérez et al. ,2013）。企业出口到目的地 g 的利润函数可以表达为 $\pi_{gt}(w_t,z_{gt})$，但未扣除出口成本。其中 w_t 为企业在 t 时期的生产率[①]，并假定利润是生产率的增函数；z_{gt} 为影响企业出口利润的目的地的特征变量，主要包括目的地市场规模、企业到目的地市场的距离、目的地的消费者偏好以及目的地市场的不确定性等。如果不存在进入沉没成本和出口融资成本，企业出口到目的地 g 的利润可以简单表示为 $\pi_{gt}(w_t,z_{gt})-M_g$。企业每期需要作出一系列出口到不同目的地的决策，本章用向量 $\mathbf{Y}_{gt}$ 表示：

[①]　在现实中，影响企业出口利润的企业层面的特征有很多，出于简化模型的原因，我们的做法与李志远等（2013）类似，假定企业的出口利润是生产率的函数。

$$Y_{gt}=(y_{1t},y_{2t},\cdots,y_{gt}),g=1,2,\cdots,G \tag{3.1}$$

式中，y_{gt} 为二值变量，当第 t 期企业出口到 g 目的地时，y_{gt} 取值 1，否则取值 0。企业每期出口的支出成本 M_g 和 F_g 既可以来源于企业上期的利润，也可以通过外部融资获得。那么在融资约束条件下，理性的企业通过选择 Y_{gt} 来实现利润最大化，则在约束条件下满足以下 Bellman 方程：

$$V_t = \max_{Y_{gt}}\Big\{ \sum_{g=0}^{G} y_{gt}\big[\pi_{gt}(w_t,z_{gt})-M_g-(1-y_{g(t-1)})F_g$$

$$-p_{gt}(w_t,e_t,z_{gt})b_{gt}\big]+\delta E_t(V_{(t+1)}\mid Y_{gt})\Big\}$$

$$s.t. \sum_{g=0}^{G} y_{gt}\big[\pi_{gt}(w_t,z_{gt})-M_g-(1-y_{g(t-1)})F_g-p_{gt}(w_t,e_t,z_{gt})b_{gt}\big]$$

$$+\sum_{g=0}^{G} y_{g(t+1)}\big[b_{g(t+1)}-M_g-(1-y_{gt})F_g\big]\geqslant 0 \tag{3.2}$$

式中，δ 为 1 期折现因子，b_{gt} 是企业在 t 时期为向 g 市场出口而向银行贷款的金额，$p_{gt}(w_t,e_t,z_{gt})$ 为相应的贷款利率。企业的贷款是有限责任的，银行与企业间是信息对称的，即银行充分了解企业每期实现的利润，每期投入的固定成本，沉没成本，每期的生产率、负债，资产，银行对企业每个市场项目的贷款不超过该市场投入的固定成本和沉没成本。贷款利率充分反映了企业的违约风险，违约风险越大，相应的贷款利率就越高。与 Arellano 等(2009)的做法类似[①]，本章用企业的生产率 w_t 和负债资产率 e_t 刻画企业的违约风险。生产率越高违约风险越小，贷款利率就越低；负债资产率越高，违约风险越大，贷款利率就越高。另外，出口项目的盈利性还与目的地市场的特征有关，本章同样用 z_{gt} 表示该特征，有利于企业出口盈利的特征便有利于降低企业违约风险，进而降低贷款利率。式(3.2)中，当 g 取值 0 时表示国内市场；相应地，π_{0t}、M_0 和 F_0 分别表示国内市场利润、国内市场每期投入的固定成本和进入国内市场的沉没成本。式(3.2)中的约束条件为非负分红约束，即如果企业没有足够大的利润或未能从银行得到充足的贷款满足以上约束条件，即使有一部分出口项目有利可图，也会因流动性约束不得不放弃，故上面的非负分红

[①] Arellano 等(2009)用生产率、资本投入和贷款数量来刻画违约风险，本章用负债资产率来概括资本投入和贷款数量对违约风险的影响。

约束也可以看作流动性约束。企业出口到目的地 g 的参与决策如下：

$$\pi_{gt}(w_t, z_{gt}) - M_g - p_{gt}(w_t, e_t, z_{gt})b_{gt}$$
$$+ \delta\{E_t(V_{(t+1)} \mid y_{gt} = 1) - E_t(V_{(t+1)} \mid y_{gt} = 0)\}$$
$$\geqslant (1 - y_{g(t-1)})F_g$$
$$\text{s. t.} \sum_{g=0}^{G} y_{gt}\left[\pi_{gt}(w_t, z_{gt}) - M_g - (1 - y_{g(t-1)})F_g - p_{gt}(w_t, e_t, z_{gt})b_{gt}\right]$$
$$- T_{-g} + b_{g(t+1)} - M_g - (1 - y_{gt})F_g \geqslant 0 \tag{3.3}$$

式中，T_{-g} 表示企业上期总利润中用于 g 市场之外的项目支出，上期利润根据企业利润最大化目标在各个目的地市场间分配使用。当式中的两个不等式均得到满足时，企业将出口产品到 g 市场，否则不进入 g 市场或退出 g 市场。以下假定企业已进入 g 市场，分析企业的退出风险。

式（3.3）中的第一个不等式为企业的盈利性约束，第二个不等式为企业的流动性约束。在其他条件不变的情况下，企业生产率 w_t 越高，$\pi_{gt}(w_t, z_{gt})$ 便越大，$p_{gt}(w_t, e_t, z_{gt})$ 就越小，盈利性条件便越容易得到满足，企业退出市场 g 的风险便越小；同理，生产率 w_t 越高，企业的总利润便越大，由式（3.3）第二个不等式可知，流动性条件越容易得到满足，企业退出出口市场 g 的风险便越小，也即企业的生产率与企业退出目的地风险（简称退出风险）负相关。于是我们认为企业生产率的提高，降低了企业退出风险，延长了企业出口贸易关系的持续期。

企业的负债资产率 e_t 越低，企业的贷款利率 $p_{gt}(w_t, e_t, z_{gt})$ 便越低，由式（3.3）知，企业越容易满足盈利性条件和流动性条件，企业退出风险便越小，也即企业的负债资产率与企业退出风险正相关。于是我们认为企业负债资产率的提高，增加了企业的退出风险，缩短了企业出口贸易关系的持续期。

由式（3.3）知，当企业的负债资产率较低时，企业享受较低的利率，仅需要支付较少的利息，因此将有更多的留存利润可以支配。当企业负债资产率较低时，在银行看来企业的违约风险较小，企业更容易从银行得到贷款。所以当企业的负债资产率较低，企业有更多的流动性用以开拓有利可图的新目的地市场。如上面分析，企业的负债资产率较低时，已有的出口贸易关系有更长的持续期。基于此，我们认为企业负债资产率的提高制约了企业拓展出口目的地的广度。

第三节　数据说明

本章实证分析使用中国工业企业数据库和中国海关数据库 2000—2006 年的数据。本章先筛选出海关数据库中的出口数据，然后把月度数据汇总成年度数据。为了提高数据的质量，在匹配之前依据 Feenstra 等 (2013) 的方法对工业企业数据中不合理的观测值进行剔除。具体而言，删除满足以下条件中任何一条的观测值：关键财务指标缺失或无效；职工人数少于 8 人；流动资产、固定资产原值、固定资产净值大于总资产；企业编码缺失；成立时间无效。然后参照 Fan 等 (2012) 的方法对两个数据库数据进行匹配，先使用企业名称匹配，再使用电话号码后 7 位加地区代码匹配，最后使用电话号码后 7 位加联系人匹配，得到 69869 家企业样本数据。在分析企业出口贸易关系持续时间时，需要确认企业退出目的地状态，本章的做法与陈勇兵等 (2012a) 和 Esteve-Pérez 等 (2013) 类似。如果企业在第 t 年出口到某目的地，第 $t+1$ 年没有出口到该目的地，则确认该企业在第 t 年退出该目的地；如果企业在第 $t-1$ 年没有出口到某目的地，第 t 年出口到该目的地，则确认该企业在第 t 年进入该目的地。在分析出口贸易关系持续时间时，2006 年的数据仅用于识别企业在 2005 年是否退出。于是本章所统计的 2000—2005 年的非平衡面板数据共有 1081218 个观测值，57963 家企业，576757 个出口贸易关系，628023 个持续单元 (spell) 数[①]。2000—2005 年的观测数、企业数、目的地数、退出出口贸易关系数、退出率如表 3.1 所示。为了对企业进入目的地后的持续时间有初步了解，本章统计了 2001—2005 年有完整持续时间的持续单元[②]，共有 309030 个，其中持续 1 年后退出的比例为 66.33%，持续到第 2 年退出的比例为 22.96%，第 3 年为 7.48%，第 4 年为 2.47%，第 5 年为 0.76%。可见绝大多数出口贸易关系都在进入一两年后退出了市场。

---

① 一个企业-出口目的地组合为一个出口关系，在观测期内一个出口关系可能有多个持续单元。例如，某一出口关系是 2001 年进入，持续到 2003 年退出，2005 年再进入一直持续到观测期结束均未退出。于是该出口关系在观测期内有两个持续单元。

② 即既在观测期内进入，之后又在观测期内退出的持续单元。

表 3.1　退出出口贸易关系统计

年份	观测数/个	企业数/家	目的地数/个	退出出口贸易关系数/个	退出率
2000	90187	15194	209	39536	0.438
2001	114281	17696	210	44314	0.388
2002	139112	19500	212	53486	0.384
2003	179214	23088	214	88991	0.497
2004	260989	32588	219	104470	0.400
2005	297435	35499	220	125148	0.421
合计	1081218	57963	225	455945	0.422

　　学者普遍认为目的地市场的国内生产总值(GDP)、收入水平、风险水平、离出口企业的距离、是否为内陆国家、是否是相邻国家、是否使用共同的语言等会影响到出口贸易关系的持续时间,于是本章在分析出口贸易关系持续时间时会控制这些变量。其中,目的地 GDP 数据主要来源于世界银行,GDP 数据已按购买力平价转化为以美元为单位[①]。与 Brambilla 等(2012)的做法类似,根据世界银行按照收入对国家进行的分类,本章把样本中的目的地分成两组,即高收入目的地和低收入目的地,以控制目的地收入差距对出口贸易关系持续时间的影响。与 Esteve-Pérez 等(2013)的做法类似,本章使用经济合作与发展组织(OECD)的国家与地区风险分类数据,依照目的地风险由低到高分成 0～7 共 8 个等级,把风险小于 3 的目的地归为低风险目的地,风险在 3 到 7 之间的归为高风险目的地[②]。对于中国到目的地市场的距离,我们使用 CEPII 数据

---

　　① 有一些国家或地区的 GDP 数据世界银行网上没有,我们与 Esteve-Pérez 等(2013)的做法类似,参考 World Factbook 中的 GDP 数据,其中巴勒斯坦和缅甸的 GDP 数据来自网站 http://www.tradingeconomics.com。有一些小的岛国或地区,我们没法找到它们的数据,则以它附近的岛国或其所在的群岛的 GDP 作为代理变量。

　　② 数据来自:http://www.oecd.org/tad/xcred/crc.htm。OECD 对每个国家或地区的风险每年测度若干次,我们取它的年平均值。有一些小国或地区没有风险数据,考虑到它们的政治制度和商业文化受所属国或历史上所属国的影响,同时经济上往往又落后于所属国,因此使用它们所属国风险与最高风险的平均值作为它们风险的代理变量。

库提供的数据①。

第四节　融资约束与出口贸易关系持续期

一、计量模型设定

本章与第二章类似,采用生存分析法分析融资约束、生产率对企业出口贸易关系持续期的影响,采用 cloglog 生存模型进行估计。模型的具体推导请参考第二章第三节,此处不再复述。本章的回归模型设定如下：

$$\text{cloglog}[1 - h_v(t, X)] = \beta_0 + \beta_1 \ln \text{DAR} + \beta_2 \ln \text{tfp} + \beta X$$
$$+ \varphi_t + \gamma_v + \gamma_t + \gamma_i + \gamma_r + \varepsilon_{itr} \qquad (3.4)$$

模型的被解释变量为企业是否退出目的地市场虚拟变量 Exit,当企业退出时,Exit=1,否则 Exit=0。本章的核心解释变量为企业融资约束,与第二章第三节类似,使用负债资产率作为企业融资约束的代理变量,用负债总额与固定资产净值的比值(取对数)ln DAR 来测量。本章使用 OP 法估计企业的全要素生产率(取对数)ln tfp$_{op}$。

式(3.4)中, X 为控制变量集,其中企业层面的控制变量包括企业规模 Size,企业年龄 Age,资本密集度 Kintensity,要素投入质量 Wage,出口目的地数量 Destination②；目的地特征变量包括目的地风险 Risk,目的地国内生产总值 GDP,目的地与中国的地理距离 Distance,是否为内陆国家 Landlocked,是否有共同语言 Language,是否有共同边境 Contiguity。φ_t 为基准风险率,本章把它设定为时间的自然对数 ln t。γ_v 为企业目的地组合的不可观测异质性,且服从标准正态分布。γ_t,γ_i 和 γ_r 分别为年份效应、行业效应和地区效应。ε_{itr} 为随机干扰项③。

---

① CEPII 中没有的一些国家或地区的距离数据,我们使用中国到这些目的地附近的国家或地区的距离作为它们距离的代理变量。

② 我们使用企业总资产的自然对数度量企业的规模,要素投入质量用"(工资支出＋福利支出＋保险支出)/总员工数"来度量。

③ 风险函数 $h(t, X)$ 中的 X 包含企业的所有特征和目的地特征。

二、回归结果与分析

上文介绍的数据是非平衡面板数据,很多企业在 2000—2006 年已经退出出口市场。有些企业退出目的地可能并非该出口贸易关系本身的原因,而是企业决定整体退出出口市场。这样得到的结果并非纯粹是融资约束对出口贸易关系退出的影响,而包含了企业退出出口市场的因素。为解决这个问题,本章的做法与 Esteve-Pérez 等(2013)相似,选取 2000—2006 年均有出口的企业样本,组成企业层面的平衡面板数据。同时本章用非平衡面板数据回归也得到了近似的结果,结果如表 3.2 所示。表 3.3[①] 是平衡面板数据关键变量的统计性描述。

表 3.2　非平衡面板数据回归结果

被解释变量: Exit	多重持续时间段				首个持续时间段
	(17)cloglog	(18)xtcloglog	(19)logit	(20)xtlogit	(21)xtcloglog
ln DAR	1.030 ***	1.031 ***	1.042 ***	1.044 ***	1.037 ***
	(19.88)	(26.03)	(20.85)	(29.84)	(9.45)
ln tfp	0.666 ***	0.653 ***	0.529 ***	0.536 ***	0.560 ***
	(−29.38)	(−30.98)	(−35.94)	(−34.54)	(−14.36)
Size	1.030 ***	1.037 ***	1.047 ***	1.055 ***	1.049 ***
	(18.08)	(18.80)	(20.72)	(19.98)	(22.05)
Age	1.005 ***	1.006 ***	1.007 ***	1.008 ***	1.008 ***
	(31.18)	(21.08)	(30.22)	(20.62)	(9.39)
Kintensity	<1.001 ***	<1.001 ***	<1.001 ***	<1.001 ***	<1.001 ***
	(14.70)	(20.98)	(13.81)	(30.06)	(7.22)
Wage	>0.999 *	0.999 ***	>0.999	0.999 ***	0.999 ***
	(−1.93)	(−6.07)	(−1.61)	(−6.16)	(−5.42)

---

① 2006 年数据仅用来判别企业在 2005 年是否退出,回归中仅使用 2000—2005 年共 6 年的数据,表 3.2 也仅统计这 6 年数据。我们把外商独资企业、中外合资企业和中外合作企业统一归为外资企业。

被解释变量：Exit	多重持续时间段				首个持续时间段
	(17)cloglog	(18)xtcloglog	(19)logit	(20)xtlogit	(21)xtcloglog
Destination	0.991 ***	0.988 ***	0.988 ***	0.984 ***	0.981 ***
	(−73.95)	(−96.04)	(−73.26)	(−106.79)	(−11.29)
Risk	1.051 ***	1.062 ***	1.072 ***	1.087 ***	1.099 ***
	(64.35)	(58.84)	(65.43)	(61.63)	(12.78)
Language	0.848 ***	0.836 ***	0.805 ***	0.794 ***	0.756 ***
	(−25.66)	(−23.02)	(−25.62)	(−22.26)	(−9.18)
Landlocked	1.276 ***	1.353 ***	1.413 ***	1.525 ***	1.595 ***
	(31.88)	(34.51)	(31.47)	(36.15)	(13.45)
GDP	>0.999 ***	>0.999 ***	>0.999 ***	>0.999 ***	>0.999 ***
	(−63.84)	(−62.89)	(−64.31)	(−62.09)	(−10.08)
Distance	<1.001 ***	<1.001 ***	<1.001 ***	<1.001 ***	<1.001 ***
	(28.13)	(30.08)	(28.58)	(31.84)	(9.47)
Contiguity	0.893 ***	0.876 ***	0.855 ***	0.833 ***	0.826 ***
	(−15.13)	(−18.30)	(−15.36)	(−19.77)	(−14.38)
$\ln t$	0.623 ***	0.767 ***	0.541 ***	0.69 ***	1.743 ***
	(−140.78)	(−55.87)	(−141.60)	(−57.72)	(2.61)
企业效应	No	Yes	No	Yes	Yes
年份效应	Yes	Yes	Yes	Yes	Yes
行业效应	Yes	No	Yes	No	No
地区效应	Yes	No	Yes	No	No
ρ		0.174 ***		0.153 ***	0.577 ***
		(0.000)		(0.000)	(0.000)
似然值	−683917	−684317	−717795	−684017	−635128
观察值个数	1054193	1054193	1054193	1054193	983374

注：括号内为稳健性 z 值；*，**，*** 分别表明显著性水平为 0.1，0.05，0.01；ρ 为企业出口目的地组合个体异质性方差占总方差的比例，括号内数值为 ρ 系数的 P 值。结果中"<1.001"是指大于 1 小于 1.001；">0.999"是指小于 1 大于 0.999。

表 3.3　关键变量统计性描述

变量		全样本	本土企业	外资企业	高风险目的地	低风险目的地	高收入目的地	低收入目的地
Exit	均值	0.247	0.277	0.238	0.336	0.204	0.212	0.328
	标准差	0.431	0.448	0.426	0.472	0.403	0.409	0.469
ln DAR	均值	0.698	0.783	0.673	0.709	0.693	0.696	0.703
	标准差	1.035	0.755	1.103	1.004	1.049	1.050	0.998
ln tfp$_{op}$	均值	1.986	2.009	1.979	2.012	1.974	1.974	2.014
	标准差	0.161	0.146	0.164	0.159	0.160	0.161	0.158
观测值个数		195958	44442	151516	63567	132391	137300	58658

本章使用去除企业-目的地组合个体异质性的 cloglog 模型进行回归,结果如表 3.4 的回归方程(2)[①],表 3.4 中的回归系数均已转化成概率比的形式,回归系数大于 1 表示解释变量与被解释变量存在正相关关系,小于 1 表示解释变量与被解释变量存在负相关关系。由基准回归方程(2)可知,融资约束 ln DAR 的系数为 1.035,这表明融资约束 ln DAR 的值每增加 1,会导致出口贸易关系退出风险增加 3.5%(1.035-1=0.035),从而减少企业在目的地市场的持续时间。企业生产率 ln tfp$_{op}$ 的系数为 0.724,这表明企业生产率 ln tfp$_{op}$ 每提高 1,会导致出口贸易关系退出风险减少 27.6%(0.724-1=-0.276),从而增加企业在目的地市场的持续时间。企业规模、年龄,目的地个数,目的地 GDP,距离,风险,是否内陆国家或地区,是否有共同语言,是否有共同边界变量的回归结果与 Esteve-Pérez 等(2013)的结果相似,但这不是本章要关注的变量。

为了考察融资约束是否对不同所有制企业以及不同的目的地样本有不同的影响,本章进行了分类样本回归,同样使用去除出口贸易关系个体异质性的 cloglog 模型,结果如表 3.5 所示。由回归方程(6)(7)可知,融资约束 ln DAR 的值每增加 1,会导致本土企业退出目的地市场的风险增加 6.9%,而外资企业只增加 3.5%。可见,融资约束对本土企业影响更大,可能的原因是:一方面,外资企业很大一部分是跨国企业在中国的分公司,容易从国外母公司获得成本低廉的资金;另一方面,这些企

① 由于样本数据的非时变变量比较多,回归方程(4)使用随机效应处理个体异质性。

业在海外已有现成的销售网络,不需要对海外市场进行太多的投入,从而降低了出口的固定成本。然而生产率提高对外资企业的影响更大。由回归方程(8)~(11)可知,融资约束对低风险目的地和低收入目的地影响更大,可能的原因是低风险目的地市场竞争激烈,需要投入更多的资金来维护市场;低收入目的地市场前景暗淡,出口到低收入目的地市场的贷款项目较难从银行获得贷款。生产率对高风险目的地和低收入目的地样本有更大的影响。

表 3.4 基准回归结果

被解释变量:Exit	多重持续时间段				首个持续时间段
	(1)cloglog	(2)xtcloglog	(3)logit	(4)xtlogit	(5)cloglog
ln DAR	1.033 ***	1.035 ***	1.039 ***	1.043 ***	1.033 ***
	(6.33)	(5.93)	(5.85)	(6.40)	(5.91)
ln tfp$_{op}$	0.724 ***	0.724 ***	0.690 ***	0.667 ***	0.728 ***
	(−7.29)	(−6.04)	(−6.68)	(−5.88)	(−6.65)
Size	0.991 *	0.982 *	0.983**	0.979	0.995
	(−1.71)	(−1.75)	(−2.47)	(−1.62)	(−0.89)
Age	1.004 ***	1.005 ***	1.005 ***	1.006 ***	1.004 ***
	(8.92)	(7.80)	(8.43)	(8.88)	(6.97)
Kintensity	<1.001**	<1.001**	<1.001**	<1.001**	<1.001**
	(2.33)	(2.35)	(2.30)	(2.32)	(2.02)
Wage	1.001**	1.001 ***	1.001	1.001**	1.001**
	(2.40)	(2.61)	(1.60)	(2.62)	(2.00)
Destination	0.987 ***	0.984 ***	0.985 ***	0.98 ***	0.987 ***
	(−33.59)	(−30.96)	(−31.27)	(−32.30)	(−31.08)
Risk	1.073 ***	1.097 ***	1.093 ***	1.127 ***	1.075 ***
	(30.87)	(24.77)	(29.99)	(26.67)	(29.77)
Language	0.736 ***	0.691 ***	0.704 ***	0.645 ***	0.711 ***
	(−14.01)	(−9.00)	(−13.42)	(−9.15)	(−14.28)

续　表

被解释变量：Exit	多重持续时间段				首个持续时间段
	(1)cloglog	(2)xtcloglog	(3)logit	(4)xtlogit	(5)cloglog
Landlocked	1.333 ***	1.471 ***	1.458 ***	1.665 ***	1.335 ***
	(14.06)	(14.73)	(13.61)	(16.08)	(13.36)
GDP	>0.999 ***	>0.999 ***	>0.999 ***	>0.999 ***	>0.999 ***
	(−32.81)	(−28.10)	(−22.98)	(−28.94)	(−31.10)
Distance	<1.001 ***	<1.001 ***	<1.001 ***	<1.001 ***	<1.001 ***
	(14.88)	(9.57)	(13.73)	(10.79)	(15.21)
Contiguity	0.842 ***	0.811 ***	0.789 ***	0.764 ***	0.849 ***
	(−7.48)	(−5.38)	(−7.99)	(−5.98)	(−6.70)
ln$t$	0.376 ***	0.435 ***	0.315 ***	0.343 ***	0.345 ***
	(−107.69)	(−36.65)	(−99.70)	(−38.16)	(−105.13)
年份效应	Yes	Yes	Yes	Yes	Yes
行业效应	Yes	Yes	Yes	Yes	Yes
地区效应	Yes	Yes	Yes	Yes	Yes
企业目的地效应	No	Yes	No	Yes	Yes
ρ		0.269 ***		0.216 ***	
		(0.000)		(0.000)	
似然值	−94607	−93921	−97359	−93677	−82083
观察值个数	191192	191192	191192	191192	172076

注：括号内为稳健性 z 值；*，**，*** 分别表明显著性水平为 0.1，0.05，0.01；ρ 为企业出口目的地组合个体异质性方差占总方差的比例，括号内数值为 ρ 系数的 P 值。结果中"<1.001"是指大于 1 小于 1.001；">0.999"是指小于 1 大于 0.999。

表 3.5　分类回归结果

被解释变量：Exit	多重持续时间段/xtcloglog					
	(6)本土企业	(7)外资企业	(8)高风险目的地	(9)低风险目的地	(10)高收入目的地	(11)低收入目的地
ln DAR	1.069 ***	1.035 ***	1.039 ***	1.041 ***	1.035 ***	1.048 ***
	(9.62)	(7.08)	(3.61)	(4.01)	(6.66)	(5.75)
ln tfp$_{op}$	0.866	0.714 ***	0.668 ***	0.777 ***	0.759 ***	0.692 ***
	(−1.26)	(−19.66)	(−7.43)	(−8.69)	(−4.03)	(−3.55)
Size	0.993	0.963 ***	0.981 ***	0.976 ***	0.984 ***	0.97**
	(−0.53)	(−3.66)	(−3.48)	(−4.88)	(−2.82)	(−2.15)
Age	1.004 ***	1.002**	1.002 ***	1.007 ***	1.008 ***	1.002
	(4.44)	(2.28)	(3.14)	(14.15)	(6.86)	(1.23)
Kintensity	<1.001**	<1.001	>0.999**	<1.001 ***	<1.001**	>0.999
	(2.07)	(1.03)	(−2.10)	(2.67)	(2.53)	(−0.89)
Wage	0.999	1.001**	>0.999	1.001	1.001	0.999 ***
	(−0.91)	(2.32)	(−0.74)	(1.00)	(1.37)	(−3.75)
Destination	0.982 ***	0.984 ***	0.986 ***	0.979 ***	0.98 ***	0.987 ***
	(−26.60)	(−29.32)	(−28.79)	(−31.44)	(−33.34)	(−26.36)
Risk	1.069 ***	1.107 ***	1.022 ***	1.105 ***	1.181 ***	1.063 ***
	(15.79)	(17.84)	(3.62)	(8.84)	(18.02)	(19.06)
Language	0.909 ***	0.654 ***		0.722 ***	0.652 ***	
	(−2.89)	(−13.12)		(−9.93)	(−8.98)	
Landlocked	1.562 ***	1.477 ***	1.469 ***	1.545 ***	1.52 ***	1.375 ***
	(15.89)	(24.40)	(11.94)	(9.10)	(14.83)	(5.17)
GDP	>0.999 ***	>0.999 ***	>0.999 ***	>0.999 ***	>0.999 ***	>0.999 ***
	(−8.72)	(−25.84)	(−24.34)	(−23.31)	(−29.04)	(−10.82)
Distance	<1.001 ***	<1.001 ***	<1.001 ***	<1.001 ***	<1.001 ***	<1.001 ***
	(6.24)	(14.07)	(14.96)	(10.99)	(13.27)	(7.38)

续 表

被解释变量：Exit	多重持续时间段/xtcloglog					
	(6)本土企业	(7)外资企业	(8)高风险目的地	(9)低风险目的地	(10)高收入目的地	(11)低收入目的地
Contiguity	0.804 ***	0.807 ***	0.954		0.496 ***	0.977
	(−5.07)	(−7.94)	(−1.08)		(−8.08)	(−0.92)
ln$t$	0.469 ***	0.428 ***	0.494 ***	0.397 ***	0.406 ***	0.493 ***
	(−26.01)	(−139.63)	(−54.56)	(−105.51)	(−74.94)	(−23.12)
企业效应	Yes	Yes	Yes	Yes	Yes	Yes
年份效应	Yes	Yes	Yes	Yes	Yes	Yes
ρ	0.256 ***	0.281 ***	0.217 ***	0.308 ***	0.301 ***	0.219 ***
	(0.000)	(0.000)	(0.000)	(0.000)	(0.000)	(0.000)
似然值	−22975	−71005	−36132	−57641	−60798	−33015
观察值个数	43449	147743	62264	128928	133746	57446

注:括号内为稳健性 z 值;* ,** , *** 分别表明显著性水平为 0.1,0.05,0.01。ρ 为企业出口目的地组合个体异质性方差占总方差的比例,括号内数值为 ρ 系数的 P 值。结果中"<1.001"是指大于 1 小于 1.001;">0.999"是指小于 1 大于 0.999。

三、稳健性分析

上文基准回归方程(1)使用不去除出口贸易关系个体异质性的 cloglog 模型,同样得到了近似的回归结果。cloglog 模型假定企业退出目的地的风险率 h_{ik} 服从互补双对数分布,为了减少 h_{ik} 分布设定对回归结果产生的影响,本章进一步假定 h_{ik} 服从 logistic 分布,对应 logit 模型。在回归方程(3)(4)中,分别使用不去除和去除出口贸易关系个体异质性的 logit 模型,均得到了近似的结果。本章数据中,企业目的地组合可能存在多重持续时间段,考虑到同一企业目的地组合的多个持续时间段之间的相关性对模型估计的影响,回归方程(5)仅选取首个持续时间段进行回归,经验证,回归方程(5)中出口贸易关系个体异质性并不显著,故本章使用不去除个体异质性的 cloglog 模型回归。可以看出,回归方程(5)与回归方程(2)的结果非常接近。出口贸易持续期分析是一个事件分析,当事件发生,即企业退出某出口市场时,便不存在该市场的出口活动对企业利润的影响;当事件没发生,即企业还存在于某出口市场时,也没有明显的证据表明企业在该市场新持续的一年比上一年有更多或更少的利润,从而反过来影响企业的融资约束。故没有明显的证据表明企业在出口市场的持续期与企业融资约束有反向因果关系,陈勇兵等(2012a)和 Esteve-Pérez 等(2013)在分析出口贸易持续期时也没有考虑内生性问题。

因此,融资约束确实提高了企业退出目的地的风险,减少了企业在目的地市场的持续时间,而生产率提高则降低了企业退出目的地的风险,增加了企业在目的地市场的持续时间,这与本章理论分析得到的结论是一致的。本章使用不同的回归模型以及首个持续时间段进行的回归均得到了近似的结果,这说明回归结果相当稳健。我们进一步发现,融资约束对本土企业、低风险目的地和低收入目的地影响更大,生产率对外资企业、高风险目的地和低收入目的地影响更大。

第五节　融资约束与出口目的地广度

一、回归结果

上文理论部分主要从贷款者激励角度分析,认为融资约束小的企业有更长的出口贸易关系持续时间,并且有更充足的流动性去开拓新市场。Bernini 等(2013)在分析负债资产率对企业出口产品质量影响时认为,除了贷款者贷款激励不足外,负债资产率高也会使企业面临很高的破产风险,从而抑制企业债务融资的投资激励。这是从企业自身激励的角度出发,由融资约束导致的投资不足。当企业的负债资产率较高时,海外市场投资同样会受到投资激励不足的影响。这两方面作用的结果是,融资约束小的企业应该有更多的出口目的地市场。本节从实证上验证这个假说,数据处理与第三节相同。与第四节分析有所不同,不同的是,企业退出出口市场并不影响对出口目的地扩张的分析,例如上一期企业有若干个出口目的地,由于融资约束,这一期企业的出口目的地数量为零也是正常的,所以这部分使用的是 2000—2006 年的非平衡面板数据,共 69869 家企业。该模型的被解释变量是企业的出口目的地数量,解释变量为企业的融资约束 ln DAR 和生产率 ln tfp$_{op}$。同时本节回归分析控制的企业特征有企业规模 Size、年龄 Age、资本密集度 Kintensity、要素投入质量 Wage。用二位码行业的赫芬达尔指数 HHI 控制国内市场竞争度,用二位码行业平均进口关税率 Openness 控制贸易开放度,同时控制年份效应、地区效应和行业效应。本节使用固定效应处理企业个体异质性[1]。如表 3.6 所示,回归方程(12)的结果表明,融资约束 ln DAR 的值每增加 1,会使企业出口目的地减少 0.091 个。生产率 ln tfp$_{op}$ 每增加 1,会使企业出口目的地增加 1.807 个,这个结果与彭国华和夏帆(2013)的分析结果近似。由回归方程(13)(14)可知,融资约束对外资企业的影响更大,对本土企业的影响并不显著,而生产率对本土企业的影响更大。为什么融资约束和生产率对本土企业和外资企业有不同的影响? 原因尚不清楚。

表 3.6　融资约束与出口目的地数量

解释变量	被解释变量:企业出口目的地数量				
	(12)全样本	(13)本土企业	(14)外资企业	(15)全样本 2SLS	(16)全样本 GMM
ln DAR	−0.091 ***	−0.000	−0.104 ***	−13.026 ***	−3.668 ***
	(−3.51)	(−0.00)	(−3.87)	(−2.90)	(−3.42)
ln tfp$_{op}$	1.807 ***	2.922 ***	1.47 ***	2.647 ***	2.046 ***
	(14.23)	(10.51)	(10.60)	(6.12)	(12.43)
Size	1.901 ***	2.240 ***	1.61 ***	6.381 ***	3.140 ***
	(28.21)	(15.07)	(22.99)	(4.10)	(8.23)
Age	−0.028 ***	−0.013 *	−0.037 ***	−0.055 ***	−0.035 ***
	(−4.33)	(−1.83)	(−2.79)	(−3.73)	(−4.75)

---

① 通过 Hausman 检验,我们发现,用固定效应处理本章数据,企业的不可观测效应更有效。

续　表

解释变量	被解释变量:企业出口目的地数量				
	(12)全样本	(13)本土企业	(14)外资企业	(15)全样本 2SLS	(16)全样本 GMM
Kintensity	−0.001***	−0.001***	−0.001***	−0.010***	−0.003***
	(−4.85)	(−3.81)	(−3.70)	(−2.90)	(−3.87)
Wage	0.003***	0.002	0.004***	0.012***	0.005***
	(2.63)	(0.75)	(2.99)	(2.84)	(3.77)
HHI	0.000	0.001*	−0.000	0.001*	0.000**
	(0.23)	(1.86)	(−0.36)	(2.59)	(2.29)
Openness	11.227***	22.746***	3.968**	3.724	6.941***
	(6.90)	(6.40)	(2.24)	(1.35)	(5.06)
常数项	−18.979***	−27.126***	−16.901***		
	(−18.35)	(−13.09)	(−14.61)		
企业固定效应	Yes	Yes	Yes	Yes	Yes
年份效应	Yes	Yes	Yes	Yes	Yes
行业效应	Yes	Yes	Yes	No	No
地区效应	Yes	Yes	Yes	No	No
R^2 或 F 值	0.11	0.14	0.1	18.53	49.94
观察值个数	179026	64607	114419	155051	155051

注:括号内为稳健性 t 或 z 值;*,**,*** 分别表明显著性水平为 0.1,0.05,0.01。方程 (12)(13)(14)中的"R^2 或 F 值"为拟合优度 R^2 值。方程(15)(16)中的"R^2 或 F 值"为弱工具变量检验的 Cragg-Donald 统计量取值。

二、内生性问题

有更多出口目的地的企业往往有更大的出口量,更大的出口量将产生更大的利润,更大的利润反过来会缓解企业的融资约束,这便产生反向因果关系。本节通过 Davidson-MacKinnon 检验,发现的确存在内生性问题。以下通过引入融资约束的合适工具变量解决这个问题。本节使用的工具变量一是相对信贷宽松度,构造方法为:用企业所在省份当年的总信贷除以当年的 GDP 作为信贷宽松度,该值越高,则企业所处的信贷环境越宽松,企业越容易得到信贷。我们相信这种宽松的信贷环境并非对每个企业的融资影响都是一样的,而是大企业更容易从宽松的信贷环境中得到更多的贷款。于是本节用企业的总资产除以企业所在的四位码行业的总资产,再取对数构造企业的相对规模系数,用这个系数乘以信贷宽松度得到相对信贷宽松度。而企业的出口行为不大可能影响相对信贷宽松度。本节用信贷市场竞争度作为工具变量二,构造方法为:用企业所在省份当年城乡居民储蓄除以当年 GDP 的值作为信贷市场竞争度。城乡居民储蓄完全是居民自由的选择,它受企业行为和信贷政策的影响很小,更不大可能受企业出口行为的影响。城乡居民储蓄占据了金融机构存款的大部分,随着存款市场竞争日益激烈,银行会通过扩张网点来争取城乡居民储蓄。城乡居民储蓄与 GDP 的比值越大,当地银行网点密度就越大,银行间的竞争就越激烈,信贷资金配置越有效率,企业的融资成本就越低。为了进一步去除内生性的影响,相对信贷宽松度和信贷市场竞争度均使用滞后一阶的数据。省城乡居民储蓄、贷款总额与 GDP 数据来自历年《中国金融年鉴》。那么这两个工具变量是否合理? 本节通过 Kleibergen-Paap 检验,拒绝了工具变量与原解释变量不相关的假设;通过 Cragg-Donald 检验表明,这两个工具变量并非弱工具变量;通过 Sargan 检验,拒绝了过度识别的原假设。综合来看,这两个是较合理的工具变量。在回归方程(15)中,仅使用相对信贷宽松度工具变量,使用两阶段最小二乘法回归;在回归方程(16)中,同时使用两个工具变量,使用 GMM 回归。回归方程(15)(16)与(12)的 ln DAR 系数符号相同,但在控制出口行为对融资约束的影响后,ln DAR 的系数(绝对值)变大了。这表明,出口产生的利润确实缓解了企业的融资约束,原回归方程(12)低估了融资约束对企业出口目的地广度的影响。

第六节　小结

本章首先在分析企业进入退出出口目的地的理论框架上引入企业生产率异质性和融资约束因素,分析生产率和融资约束对企业退出出口目的地风险的影响,认为融资约束增加了企业退出目的地的风险,缩短了出口贸易关系的持续期,而生产率提升会降低企业的退出风险。融资约束同样制约了企业扩张出口目的地广度。接着使用中国工业企业数据与中国海关数据的匹配数据,检验融资约束对出口贸易关系退出风险及出口目的地的影响,发现融资约束确实增加了企业退出出口目的地的风险,融资约束制约了企业出口目的地的扩张。本章的研究进一步丰富了我们对融资约束影响企业出口行为的认识。

过高的出口目的地退出率一方面会浪费稀缺的出口资源,另一方面会降低出口目的地扩展边际。目前我国主要的出口促进政策是出口退税,出口退税有利于降低出口可变成本,增加出口利润。而企业出口成交前需要支付沉没成本、固定成本,需要较长时间为货物垫付资金,从而使企业容易面临流动性约束。基于本章的结论,在出口固定成本融资约束方面设计出口促进政策,将有利于延长出口贸易关系的持续期,提高出口目的地广度,进而能有效地利用出口资源,提高出口目的地扩展边际。本章的研究为出口促进政策设计提供了新的思路。

第四章　金融发展与企业出口的二元边际

第一节　引言

Melitz(2003)在单一产品假设下通过企业生产率异质性解释企业出口行为的差异,认为生产率越高的企业其产品的边际成本就越低,于是只有生产率足够高的企业才能克服出口成本进入出口市场,生产率中等的企业只在国内市场销售,生产率最低的企业退出市场,由此开启了新新贸易理论时代。然而,随着包含企业出口产品价格和出口量的微观数据可获得性的提高,大量实证研究结论与 Melitz(2003)的预测不符。归纳起来,Melitz(2003)模型至少存在以下三方面的不足。一是单一产品假设。大量实证文献发现,多产品出口主导了企业的出口行为。Bernard等(2007)发现,2000 年美国制造业出口企业中有 57.8% 为多产品出口企业,其出口量占总出口量的 99.6%;Goldberg 等(2010)发现,1989—2003年印度出口企业中有 47% 为多产品出口企业,其出口量占总出口量的80%;Berthou 等(2013) 发现,1998 年法国出口商中有 70% 为多产品出口,其出口量占总出口量的 99.6%;钱学锋等(2013)发现,2000—2005 年中国出口企业中有 75% 为多产品出口企业,其出口量占总出口量的 95%以上;彭国华等(2013)发现,2006 年中国出口企业中有 80% 为多产品出口企业,其出口量占总出口量的 95%。在对多产品出口事实认识的基础上，Bernard 等(2011)、Mayer 等(2011)和 Nocke 等(2013)分别提出了多产品出口理论模型，Manova 等(2012)通过引入产品质量异质性进一步扩展了 Bernard 等(2011)和 Mayer 等(2011)的多产品出口模型。

二是在生产率是企业唯一异质性的假设下，Melitz(2003)认为，距离目的地市场越远出口成本越大，只有生产率高、产品成本低的企业才能出口到较远的目的地并获利，于是距离目的地越远出口价格应该越低。然而，Bladwin 等(2011)和施炳展(2011)发现出口产品价格随出口目的地距离增加而增加。为了解释这一现象，Bladwin 等(2011)在 Melitz(2003)生产率异质性的基础上引入产品质量异质性，认为产品质量由企业利润最大化内生决定，产品质量包含了成本信息，质量越高，成本就越高，但带给消费者的效用也越高，于是价格也越高。另外，单一产品和生产率是唯一异质性的假设也无法解释现实中多产品企业内部部分产品出口、部分产品仅在国内销售的事实。Manova 等(2012)在多产品出口框架下引入质量异质性，认为产品的质量由企业能力以及产品的专业化知识决定，把异质性细化到产品层面，并指出只有质量高于某一临界值的产品才进入出口市场，出口产品的价格随着出口产品质量的提高而增加，解释了企业内部部分产品出口、部分产品仅在国内销售的事实。

三是 Melitz(2003)假定企业不存在融资约束。Feenstra 等 (2013)、Manova(2013)、李志远等(2013)认为出口需要支付固定成本，并认为企业面临融资约束确实影响了企业出口。当融资约束使企业无法顺利支付出口固定成本时，即使生产率达到出口要求，往往也无法顺利出口。

基于 Melitz(2003)的方法存在的这些缺陷以及无法解释很多出口事实，本章首先在 Manova 等(2012)多产品企业理论框架下引入融资约束因素，构建融资约束下企业的出口决策模型，并使用中国工业企业数据库与中国海关数据库的匹配数据，检验金融发展对中国企业出口广度和深度的影响。

对多产品企业出口贸易量的二元分解，目前有不同的方法。Manova 等(2009)把企业出口贸易量简单分解为产品-目的地组合数量与每个出口关系的平均出口量两个维度，并测算得到，2003—2005 年中国出口增长有 30% 来自新企业进入出口市场，42% 来自老企业已有产品对已有市场的出口，28% 来自老企业增加新的产品和新的目的地。张杰等

(2013b)使用与 Manova 等(2009)类似的分解方法,并且从新进入出口关系的存活率与续存出口关系的出口增长率两方面测量出口集约边际,测算得到中国出口增长主要来源于集约边际的扩张,而非扩展边际的扩张。Arkolakis 等(2010)把出口到某一目的地的出口量分解为出口企业数量、平均每个企业的出口产品数量(这两个维度衡量出口的扩展边际)和每个企业-产品组合的平均出口量三个维度,并通过分析巴西出口企业数据发现,在每一个出口目的地市场中,企业的出口产品数量与每个产品的平均出口量存在正相关关系。钱学锋等(2013)借鉴 Arkolakis 等(2010)的分解方法对中国出口贸易量进行分解,认为 2000—2005 年中国出口增长大约有 44% 来自企业内的扩展边际,28% 来自企业间的扩展边际,仅 28% 来自集约边际的扩张。Bernard 等(2010)把某一企业的出口贸易量分解为出口产品数、出口目的地数、出口渗透率和每个出口关系的平均出口量四个维度,前三个维度测量出口广度,后一个维度测量出口深度,并通过对比利时企业的分析发现,其出口增长的 53% 来源于出口深度的扩张,47% 来源于出口广度的扩张。彭国华等(2013)在 Bernard 等(2010)的分解方法基础上使用出口目的地的真实 GDP 对目的地进行加权,更真实地反映了目的地市场规模对企业出口量的影响,并研究了企业生产率对中国企业出口广度和深度的影响。程玉坤等(2014)也借鉴了 Bernard 等(2010)的方法对中国企业出口量进行分解。Arkolakis 等 (2010)的分解方法针对的是出口到某一目的地的出口量,无法分析企业产品层面的出口行为。尽管 Manova 等(2009)针对企业出口量进行了分析,但方法过于简单,无法分析已有出口产品对现有目的地市场的渗透情况。Bernard 等(2010)的方法是目前研究企业产品层面出口行为较合理的分解方法。

　　尽管有较多文献分析融资约束对企业出口规模、出口参与和出口产品质量的影响,但分析金融发展对企业出口产品和目的地层面影响的文献较少。本章的主要贡献是使用中国工业企业数据库与中国海关数据库的匹配数据,分析地区金融发展对企业出口广度和深度的影响,发现金融发展提高了企业出口目的地广度、产品广度和出口深度,但并没有提高出口渗透率。本章的实证研究大大丰富了我们对融资约束对企业出口行为影响的认识。本章接下来的内容安排如下:第二节从理论上分析融资约束下金融发展对企业出口广度和深度的影响;第三节是本章的数据说明和相关变量的测量;第四节是实证研究的回归结果与相关分析;第五节是本章的小结。

第二节　理论模型

假定经济由若干个国家构成,企业可以生产和出口一个或多个产品,同一企业不同的产品由于内含的专业化知识不一样,其质量也不同。企业通过研发产出不同程度的专业化知识,使用这些知识生产具有质量差异的产品。劳动是唯一的要素投入,此处的劳动是价格为 1 的标准化劳动。国家 j 的代表性消费者具有固定替代弹性(CES)效用函数:

$$U_j = \left[\int_{i \in \Omega_j} (q_{ji} x_{ji})^a \mathrm{d}i \right]^{\frac{1}{a}} \tag{4.1}$$

式中, x_{ji} 为 j 国对产品 i 的需求量; Ω_j 为 j 国可供消费的产品集;产品间的替代弹性 $\sigma = 1/(1-a) > 1$,其中 $0 < a < 1$; q_{ji} 为产品 i 的质量。Manova 等(2012)认为产品的质量由企业的能力和产品的专业化知识决定,并且质量是生产产品的边际成本函数。本章借鉴这一思想,假定产品的质量由两个方面决定:一是企业的能力 $\varphi \in (0, \infty)$,将企业生产率作为能力的代理变量,企业生产率越高能力越强, φ 的密度函数和累积分布函数分别为 $g(\varphi)$ 和 $G(\varphi)$;二是专业化知识 λ_i , $\lambda_i \in (0, \infty)$, λ_i 的密度函数和累积分布函数分别为 $z(\lambda)$ 和 $z(\lambda)$ 。 $g(\varphi)$ 和 $z(\lambda)$ 相互独立,且在不同的企业间服从相同的分布; λ_i 在不同企业和产品间服从独立同分布。产品的质量用生产产品的边际成本刻画。假定生产 1 单位质量为 q_i 的 i 产品需要投入 $\varphi \lambda_i$ 单位的劳动,那么产品的质量为 $q_i(\varphi, \lambda_i) = (\varphi \lambda_i)^{1+\theta}$ 。此处假定 $\theta > 0$,表示质量比边际成本提高得更快。作此假定的原因为,使用更高生产率(φ 更大)的工人生产产品时,尽管产品的边际成本增加了,但产品的质量会提高得更快;同样,使用更高专业化知识(λ_i 更大)的工人生产时,尽管产品的边际成本增加了,但产品的质量会提高得更快。Manova 等(2012)对中国出口产品质量的实证研究也支持 $\theta > 0$ 的假定。质量的实质是性价比,表示在同等生产成本下能给消费者带来的效用。由于质量比边际成本提高得更快,随着企业生产率的提高,或产品专业化知识的增加,质量与边际成本的差距便越来越大,产品的性价比就越高,产品在市场上就越有竞争力。同理,高质量产品由于与边际成本的差距大,所以更具性价比和竞争力,能更广泛地进入更多的目的地市场。这里使用质量度量产品的异质性,是因为质量更贴切地体现了产品的竞争力,质量越高,在同等价格上产品的需求越大。假定 j 国的消费总支出为 R_j,那么 j 国对 i 产品的需求可以表示为:

$$x_{ji} = R_j P_j^{\sigma-1} q_{ji}^{\sigma-1} p_{ji}^{-\sigma} \text{,其中 } P_j = \left[\int_{i \in \Omega_j} \left(\frac{p_{ji}}{q_{ji}} \right)^{1-\sigma} \mathrm{d}i \right]^{\frac{1}{1-\sigma}} \tag{4.2}$$

式中,P_j 表示经质量调整后的 j 国产品的平均价格,对企业而言,P_j 是既定的;p_{ji} 为 j 国对产品 i 支付的价格。

假定企业出口 i 产品到 j 市场需要支付固定成本 C_{ji},出口的可变成本用冰山成本 $\tau_j (\tau_j > 1)$ 表示,距离企业越远的目的地,其 τ_j 越大。由于融资约束企业有比例为 d 部分的出口成本需要通过信贷市场融资获得,假定信贷市场是完全竞争的,银行的期望利润为零。由于出口项目存在失败风险,银行为减小项目失败蒙受的损失,要求出口企业提供价值为 C_e 的抵押品。当出口项目失败时,银行没收抵押品以补偿贷款损失。假定出口项目的成功率为 $\omega (0 < \omega < 1)$,当项目成功时企业偿还银行本息 $G(\varphi, \lambda_i, z)$。其中 z 是银行为完成每笔贷款所必须支出的固定成本,包括收集信息以及监督借款人的成本。Arellano 等(2009)认为金融市场越完善,贷款就越有效率,银行所支付的贷款固定成本就越小。借鉴 Arellano 等的思想,假定银行贷出资金 B,无风险利率为 r,每笔贷款的固定成本为 z,在零利润条件下期末银行要求的无风险收益为:$K = (B+z)(1+r)$。在融资约束下,企业的出口问题是在以下三个约束条件下,最大化出口关系的期望利润:

$$E[\pi_{ji}(\varphi, \lambda_i)] = \omega[p_{ji}(\varphi, \lambda_i) x_{ji}(\varphi, \lambda_i) - (1-d)\tau_j x_{ji}(\varphi, \lambda_i)\varphi\lambda_i$$
$$- (1-d)C_{ji} - G(\varphi, \lambda_i, z)] - (1-\omega)C_e$$
$$\text{s.t.} \quad x_{ji}(\varphi, \lambda_i) = R_j P_j^{\sigma-1} q_{ji}(\varphi, \lambda_i)^{\sigma-1} p_{ji}(\varphi, \lambda_i)^{-\sigma}$$
$$p_{ji}(\varphi, \lambda_i) x_{ji}(\varphi, \lambda_i) - (1-d)\tau_j x_{ji}(\varphi, \lambda_i)\varphi\lambda_i - (1-d)C_{ji} \geqslant G(\varphi, \lambda_i, z)$$
$$\omega G(\varphi, \lambda_i, z) + (1-\omega)C_e = [d\tau_j x_{ji}(\varphi, \lambda_i)\varphi\lambda_i + dC_{ji} + z](1+r) \tag{4.3}$$

式中,第一个约束条件为产品 i 在 j 市场的需求函数;第二个约束条件是出口项目成功时,出口企业有足够的净收入偿还债务;第三个约束条件表示银行在完全竞争下得到零利润。以下分两种情况讨论。

一是,当企业不存在融资约束,即 d 为零时,企业的出口问题可以表示为以下约束条件下,最大化出口关系的期望利润:

$$E\big[\pi_{ji}(\varphi,\lambda_i)\big] = \omega\big[p_{ji}(\varphi,\lambda_i)x_{ji}(\varphi,\lambda_i) - \tau_j x_{ji}(\varphi,\lambda_i)\varphi\lambda_i - C_{ji}\big]$$
$$\text{s. t.} \quad x_{ji}(\varphi,\lambda_i) = R_j P_j^{\sigma-1} q_{ji}(\varphi,\lambda_i)^{\sigma-1} p_{ji}(\varphi,\lambda_i)^{-\sigma} \quad (4.4)$$

企业利润最大化得到的最优价格和期望利润分别为:

$$p_{ji}(\varphi,\lambda_i) = \frac{\tau_j \varphi \lambda_i}{a} \quad (4.5)$$

$$E\big[\pi_{ji}(\varphi,\lambda_i)\big] = \frac{\omega R_j}{\sigma}\left(\frac{P_j a}{\tau_j}\right)^{\sigma-1}(\varphi\lambda_i)^{\theta(\sigma-1)} - \omega C_{ji} \quad (4.6)$$

由式(4.6)可知,利润 $E(\pi)$ 是 $\varphi\lambda_i$ 的增函数,企业决定出口的条件为利润不小于零,可以求得出口利润为零时 $\varphi\lambda_i$ 的临界值为:

$$(\varphi\lambda_i)^* = \left[\frac{\sigma C_{ji}}{R_j}\left(\frac{P_j a}{\tau_j}\right)^{1-\sigma}\right]^{\frac{1}{\theta(\sigma-1)}} \quad (4.7)$$

当 $\varphi\lambda_i > (\varphi\lambda_i)^*$ 时,企业出口 i 产品到目的地 j 国。

二是,当企业存在融资约束时,需要在信贷市场上融入比例为 d 的出口成本,企业的利润最大化问题如式(4.3)所表述。由式(4.3)的第三个约束条件可以得到银行盈亏平衡的偿还额:

$$G(\varphi,\lambda_i,z) = \frac{1}{\omega}\big[d\tau_j x_{ji}(\varphi,\lambda_i)\varphi\lambda_i + dC_{ji} + z\big](1+r) + \left(1-\frac{1}{\omega}\right)C_e$$

式中,r 为无风险利率。把上式代入式(4.3)的目标函数中,得到在融资约束下出口关系的期望利润目标函数:

$$E\big[\pi_{ji}(\varphi,\lambda_i)\big] = \omega\big[p_{ji}(\varphi,\lambda_i)x_{ji}(\varphi,\lambda_i) - \tau_j x_{ji}(\varphi,\lambda_i)\varphi\lambda_i - C_{ji}\big]$$
$$- \{(1+r-\omega)\big[d\tau_j x_{ji}(\varphi,\lambda_i)\varphi\lambda_i + dC_{ji}\big] + (1+r)z\} \quad (4.8)$$

式中,第二项为使用外部资金支付的成本,本章简称它为融资成本。只要 d 不为零,融资成本恒为正。融资成本与项目的成功率 ω 负相关,项目成功率越低,银行面临的违约风险就越高,相应地,要求的风险回报就越高;融资成本与贷款比例 d、无风险利率 r、贷款的固定成本 z 正相关。当金融市场完全有效率时,银行无须支付信息和监督成本,z 为零;金融市场越缺乏效率,z 越大。企业面临融资约束时,需支付融资成本,出口项目必须有更高的净收益才能实现盈亏平衡,这将进一步提高企业出口

的 $\varphi\lambda_i$ 临界值。此时,企业利润最大化的最优价格为:

$$p_{ji}(\varphi,\lambda_i) = \frac{\tau_j \varphi\lambda_i}{a} + \frac{(1+r-\omega)d}{\omega}\left(\frac{\tau_j \varphi\lambda_i}{a}\right)$$

与企业不受融资约束相比,以上等式右边的第二项是由于外部融资成本导致的价格提高,也即必须提高价格才能补偿由于使用外部资金而增加的边际成本。贷款比例 d 越高,无风险利率 r 越高,以及项目成功率 ω 越低,所要提高的价格幅度就越大。当价格过高时,产品在出口市场没有竞争力,产品将退出出口市场。企业在融资约束下出口关系的期望利润为:

$$E[\pi_{ji}(\varphi,\lambda_i)] = \frac{\omega R_j}{\sigma}\left(\frac{P_j a}{\tau_j}\right)^{\sigma-1}(\varphi\lambda_i)^{\theta(\sigma-1)}\left[1+\left(\frac{1+r}{\omega}-1\right)d\right]^{1-\sigma}$$

$$- \left\{\omega C_{ji}\left[1+\left(\frac{1+r}{\omega}-1\right)d\right]+(1+r)z\right\} \tag{4.9}$$

与企业未受融资约束的式(4.6)相比,首先式(4.9)的第一项变小了,它表示出口成本需要外部融资而使成本增加了,从而使利润下降了;式(4.9)的第二项增大了,表示由于出口成本需要从外部融资,使企业的成本支出增加了,进一步减少了利润。相应地,在融资约束下利润为零时 $\varphi\lambda_i$ 的临界值为:

$$(\varphi\lambda_i)^{*'} = \left\{\frac{\sigma C_{ji}}{R_j}\left(\frac{P_j a}{\tau_j}\right)^{1-\sigma}\left[1+\left(\frac{1+r}{\omega}-1\right)d\right]^{\sigma}\right.$$

$$\left.+\frac{(1+r)z\sigma}{\omega R_j}\left(\frac{P_j a}{\tau_j}\right)^{1-\sigma}\left[1+\left(\frac{1+r}{\omega}-1\right)d\right]^{\sigma-1}\right\}^{\frac{1}{\theta(\sigma-1)}} \tag{4.10}$$

式(4.10)与式(4.7)相比可以看出:$(\varphi\lambda_i)^{*'} > (\varphi\lambda_i)^*$。它表示企业出口需要从外部融资,融资需要支付无风险利率 r 和出口固定成本 z,这增加了企业的出口成本,只有具有更高生产率的企业的产品或内含更多专业化知识的产品才能赚取更多的净收益以补偿成本,从而导致 $\varphi\lambda_i$ 临界值上升。由式(4.10)知,$(\varphi\lambda_i)^{*'}$ 是 r、z 的增函数,是 ω 的减函数。

在融资约束下,企业借款首先要支付无风险利率;同时银行贷款需要支付信息和监督等固定成本,这部分成本最终转嫁给借款企业。由于成本增加只有具备更高生产率或更高专业化知识的产品才能出口盈利,因而提高了出口的 $\varphi\lambda_i$ 临界值。当金融发展,金融市场效率提升时,贷款固定成本 z 下降,从而降低了融资成本,进一步降低出口的 $\varphi\lambda_i$ 临界值。

一方面,对既定的企业(生产率 φ 已定),因专业化知识低而未能进入出口市场的产品,由于融资成本下降,也能进入出口市场;另一方面,对既定的产品,由于融资成本下降,产品能出口到更远的目的地市场,即产品将会出口到更多的目的地。基于此,本章提出以下假说:

假说 4.1:金融发展通过降低企业融资成本使企业能出口更多的产品。

假说 4.2:金融发展通过降低企业的融资成本使企业产品能出口到更多的目的地市场。

基于假说 4.1 和 4.2,很自然地能得出以下假说:

假说 4.3:金融发展通过降低企业的融资成本增加了企业的出口总量。

金融发展降低了企业的融资成本,也使企业更容易从外部得到资金,提高了企业融资的便利性。这除了会增加企业出口的扩展边际外,还会促进企业增加研发投入(Chiao,2002;Huynh et al. ,2007;Benfratello et al. ,2008;David et al. ,2008),提高企业的生产率以及产品的平均专业化知识,从而提高产品的质量。本章把前者称为金融发展的出口扩展边际效应,把后者称为金融发展的质量升级效应。Manova 和 Zhang(2012)从理论和实证上表明,更高质量的产品在出口市场上有更大的销量。由扩展边际效应新增的出口产品,其质量处于出口临界值的边缘,那么新增产品的出口量将较小,但高质量的产品由于融资成本降低将出口到更多目的地,已有目的地往往也会有更多的出口量。另外,每个出口关系的出口量还受国际需求的影响。综合来看,金融发展对企业出口关系的平均出口量影响并没有明确的方向。因扩展边际效应新增的出口产品,其质量一般较低,缺乏竞争力,其出口目的地也少。大量低质量产品涌入出口市场,一方面会降低出口产品的平均质量,另一方面会降低产品的平均出口目的地数量。李坤望等(2014)发现,大量低质量出口关系[①]进入出口市场,是造成中国加入 WTO 后出口产品质量持续下滑的主要原因。但质量升级效应会提高出口产品的质量,这有利于提高产

---

① 出口关系是由企业、出口产品、出口目的地三个维度来定义的,一个企业出口一种产品到某个目的地称为一个出口关系。

品的国际竞争力,使产品能出口到更多的目的地,从而增加产品的平均出口目的地数量。综合以上分析,本章提出以下假说:

假说 4.4:当金融发展的质量升级效应大于扩展边际效应时,企业出口产品的平均目的地数量会增加,否则会减少。

第三节 数据与变量

一、数据说明与计量模型

本章实证分析的数据来源于中国工业企业数据库和中国海关数据库 2000—2006 年的数据。数据处理如下:先筛选出海关数据库中的出口数据,然后把月度数据汇总成年度数据。参照 Fan 等(2012)的方法对两个数据库进行匹配,先使用企业名称匹配,再使用电话号码后 7 位加地区代码匹配,最后使用电话号码后 7 位加联系人匹配,最后得到 69869 家企业,185257 个观测值。与目前文献匹配得到的企业数相当。图 4.1 展示了我国金融市场的发展趋势①,从图中可以看出,我国金融市场发展呈倒 U 形,但指标总体上是上升的,表明我国金融市场一直在发展壮大。与此同时,李坤望等(2014)发现,2001—2006 年我国新出口关系保持极高的进入率。那么金融发展是否促进了企业出口广度的提升?本章通过对数据回归进行更深入的分析。计量模型设定如下:

$$\ln Y_f = a + \beta_1 \mathrm{FD} + X_f \beta + \varepsilon_y + \varepsilon_f + \omega_{fy}$$

式中,Y_f 代表企业出口的广度、深度和出口量,FD 为地区金融发展变量,X_f 为企业层面的控制变量集,ε_y、ε_f 分别为年份固定效应和企业固定效应,w_{fy} 为随机干扰项。

二、企业出口广度与深度

对企业出口贸易量的分解,本章借鉴 Bernard 等(2010)的方法,把企业出口量分解为出口目的地数量、出口产品数量、出口渗透率和每个出

---

① 图中数据根据历年《中国统计年鉴》,经笔者整理而得,其中 M2 为货币供应量。

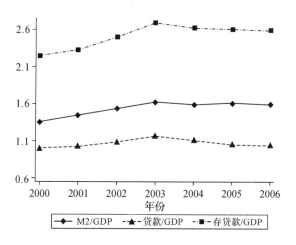

图 4.1　全国金融市场发展趋势

口关系的平均出口量。具体分解方法为：企业 f 的出口总量 $X_f = C_f P_f D_f A_f$，其中 C_f 为企业的出口目的地数量，P_f 为出口产品数量，D_f 为出口渗透率，A_f 为每个出口关系的平均出口量。$A_f = \dfrac{1}{O_{cpf}} \sum_c \sum_p X_{cpf}$，其中 O_{cpf} 为企业出口关系的数量，X_{cpf} 为企业 f 出口产品 p 到 c 国的出口量。$D_f = \dfrac{O_{cpf}}{C_{fpf}}$，出口渗透率等于出口产品的平均出口目的地数量，反映企业出口产品对已有目的地市场的渗透程度。出口渗透率越高，企业出口产品的平均目的地数量就越大。C_f、P_f、D_f 反映企业的出口广度，A_f 反映企业的出口深度。在回归中本章使用 X_f、C_f、P_f、D_f、A_f 的对数值 $\ln X$、$\ln C$、$\ln P$、$\ln D$、$\ln A$。

三、金融发展变量

金融发展通过改善企业的融资环境，降低企业融资成本，缓解企业的融资约束，进一步改变企业的出口行为。衡量一国或地区金融发展水平的指标有麦氏指标，由 Mckinnon(1973)提出，在实证分析中通常用货币存量与国内生产总值的比值来测量，该指标反映一国或地区经济货币化的程度。然而由于本书无法获得省层面货币存量的数据，无法采用该指标。另一个常用的指标是 Goldsmith(1969)提出的金融相关率指标，用现存金融资产总量与国民财富之比来衡量，该指标反映一国或地区经济金融化的程度。本章使用该指标作为省层面金融发展水平的代理变量;用省金融机构的存贷款总额作为金融资产总量的代理变量;用省的名义 GDP 作为国民财富的代理变量,即地区金融相关率指标 FD_t ＝存贷款总额/名义 GDP。考虑到我国股票市场和债券市场发展相对滞后,银行信贷依然是企业外源融资的主要形式,企业的融资状况与地区金融机构的贷款规模直接相关,与 Fan 等 (2012)、Peng 等 (2013)、李青原等 (2013)、张成思等(2013)类似,本章使用地区金融机构贷款总额与地区名义 GDP 的比例 FD_t 作为地区金融发展水平的主要解释变量。使用金融市场规模方面的指标作为市场发展的代理变量的理由是,随着市场规模的扩大,市场内部的竞争会加剧,金融市场的效率也会提高。以上指标中存贷款数据以及地区名义 GDP 数据均来自历年的《中国金融年鉴》。

　　企业融资约束通过影响企业出口固定成本的支付来影响出口行为。与彭国华和夏帆(2013)的做法类似,本章使用短期负债与流动资产的比值 Leverage 来测量企业层面的内源融资约束,该比值越高,则企业面临的内源融资约束越紧。Fan 等 (2012)和 Manova 等(2014)认为,企业的有形资产比例越高,提供抵押品的能力越强,获取信贷融资的能力就越强。借鉴这一思想,本章使用固定资产净值与总资产的比值 Mortgage 来测量企业的外源融资能力,该比值越大,则企业的外源融资能力越强,面临的外源融资约束就越弱。Melitz(2003)认为,生产率越高越有利于降低产品成本,产品在出口市场上就越有竞争力和盈利能力。彭国华和夏帆(2013)发现企业生产率与企业出口的目的地广度、产品广度、总出口量和出口深度有显著的正相关关系。本章引入全要素生产率变量(取对数)ln TFP 来控制企业生产率异质性对出口行为的影响。与第二、第三章类似,本章使用 OP 法估计企业的生产率。Manova 等(2012)发现企业使用的中间品价格越高,企业出口产品的价格也越高,并且出口产品价格与出口量有正相关关系。一般认为,进口中间品比国内中间品有更高的质量和价格。本章通过引入是否使用进口中间品虚拟变量 Import 来控制投入中间品质量差异对出口行为的影响。本章通过引入是否加工贸易虚拟变量 Process 来控制不同贸易方式对企业出口行为的影响。学者普遍认为企业的规模、资本密集度、年龄和平均工资也会影响企业的出口行为。本章在回归中使用企业员工

总数的对数值 ln Scale 代理企业规模,使用员工的平均资本量的对数值
ln KL 代理企业的资本密集度,使用包含工资、保险和福利支出的平均
工资的对数值 ln Wage 代理企业平均工资,使用年龄的对数值 ln Age
代理企业年龄。表 4.1 是数据的统计性描述,表 4.2 是关键变量分类
样本的均值统计。

表 4.1　统计性描述

变量	均值	标准差	最小值	最大值	观测值个数
ln X	13.67	2.13	0	24.07	185257
ln C	1.44	1.11	0	5.08	185257
ln P	1.34	1.02	0	6.61	185257
ln D	−0.65	0.62	−3.75	0	185257
ln A	11.53	1.65	0	19.93	185257
FD_l	1.01	0.31	0.57	2.55	185257
FD_t	2.54	0.85	1.37	6.66	185257
Leverage	0.96	2.12	−42.29	780	185245
Mortgage	0.31	0.18	0	0.99	185257
ln TFP	1.91	0.18	−4.61	2.72	180188
Process	0.27	0.45	0	1	185257
Import	0.65	0.48	0	1	185257
ln Scale	5.34	1.15	2.08	11.79	185257
ln Age	1.82	0.83	0	4.66	185257
ln Wage	2.67	0.64	−7.37	7.19	185145
ln KL	3.54	1.40	−9.13	9.41	180220

表 4.2　关键变量分类样本均值统计

变量	lnX_f	lnC_f	lnP_f	lnD_f	lnA_f	Leverage	Mortgage	ln TFP
国有企业	13.44	1.58	1.28	−0.76	11.34	1.08	0.33	1.96
外资企业	13.94	1.4	1.43	−0.62	11.74	0.89	0.31	1.9
私营企业	13.02	1.46	1.13	−0.64	11.07	1.08	0.32	1.89

第四节　回归结果与分析

一、基准回归结果

表 4.3 是使用省层面贷款总额与名义 GDP 的比值作为地区金融发展代理变量的回归结果①。从结果看,金融发展对企业出口总量、出口广度和深度均有显著的影响。具体看,贷款总额与名义 GDP 的比值 FD_l 每增加 1,企业出口总量增加 50.6％,出口目的地增加 19.3％,出口产品增加 25.5％,出口深度增加 19.1％,但出口渗透率下降了 13.3％。由此可以看出,金融发展从规模方面显著促进了企业出口。贷款规模增加,一方面增加了企业获得外源融资的机会,另一方面金融市场规模的壮大会增加市场内部的竞争,特别是近十几年,随着大量股份制银行的快速发展,我国银行业的竞争越来越激烈,从而提高了金融市场效率,降低了企业的融资成本。融资成本下降使更多原来达不到出口要求的产品也能进入出口市场,在回归中表现为出口产品广度随着金融的发展而快速增加。由于融资成本下降,产品能出口到更远的目的地,在回归中表现为出口目的地广度随着金融的发展而扩大。融资成本下降导致出口成本下降,使产品的竞争力增加,已有出口产品和已有出口目的地会实现更大的出口量,于是企业的总出口量和出口深度都增加了。然而企业的出口渗透率 $\ln D$ 下降了,出口渗透率反映企业出口产品的平均目的地数量。当企业没有新的产品进入出口市场时,已有产品由于成本下降会出口到更多的目的地,同时金融发展通过增加企业研发投入而提升产品质量,使产品平均有更多的出口目的地,这两种作用会提高企业出口的渗透率。然而金融发展同时存在扩展边际效应,融资便利带来的出口成本的下降,使大量原来未达到出口要求的产品纷纷进入出口市场,这些产品质量低,竞争力低,出口目的地市场少。回归结果中,出口渗透率 $\ln D$

---

① 通过 Hausman 检验发现,使用固定效应模型处理个体异质性更为有效,因此我们使用固定效应进行回归,下同。

下降了,表明目前我国金融发展对企业出口扩展边际效应大于质量升级效应;融资便利广泛促使企业出口更多的产品,但没有有效地提升产品质量。从回归结果看,内源融资约束制约了企业出口目的地扩张,提升了出口渗透率和出口深度,但对出口总量和产品数量的影响并不显著。内源融资约束一般通过影响企业出口成本支付、生产成本支付和研发投入而影响出口行为,但具体的影响机制尚不清楚。从回归结果看,企业外源融资能力 Mortgage 制约了企业出口总量、产品数量、目的地数量和出口深度的扩张,提升了企业的出口渗透率。这个结果与预期有很大的出入。企业提供抵押品的能力越强,获得贷款的能力就越强,就越有能力扩张出口产品和目的地,预期出口产品和目的地广度的系数应该为正。系数为负很可能的原因是,该指标受到行业因素的影响。例如,从事日用消费品生产的企业,其固定资产与总资产的比值往往不高,但它会生产很多种类的产品,出口到很多国家;但从事装备制造业的企业,其固定资产与总资产的比值往往很高,但它的产品种类相对少,出口目的地也相对少。从结果看出,企业生产率与企业出口总量、出口产品广度、目的地广度和出口深度存在显著的正相关关系,表明生产率越高,企业出口量就越大,出口产品和目的地也越多,平均每个出口关系的出口量也越大。本章的回归结果与彭国华和夏帆(2013)的一致,也进一步验证了 Melitz(2003)的结论,生产率高的企业进入出口市场。生产率与企业出口渗透率负相关,生产率越高的企业,其出口渗透率就越低。这个结果与 Bernard 等(2010)、彭国华和夏帆(2013)得到的结果一致。负相关可能的原因是高生产率企业有更多新产品进入出口市场,新产品对已有目的地市场的渗透率还不高,对新市场也缺乏吸引力,从而降低了出口产品的平均目的地数量。其他变量对企业出口总量、出口广度和出口深度大多有显著的影响,但这些不是本章要关注的变量。

为了避免由单一指标得到的结果不具有代表性,本章使用金融机构存贷款总量与名义 GDP 的比值 FD_t 作为地区金融发展指标进行回归,结果如表 4.4 所示。从表 4.4 可以看出,FD_t 的值每增加 1,出口总量增加 23.7%,出口目的地数量增加 8%,出口产品数量增加 14.2%,出口深度增加 8.6%,出口渗透率降低 7%。和贷款总额与名义 GDP 的比值 FD_t 相比,FD_t 对企业出口行为的影响明显小,平均不到影响的一半。这进一步表明贷款规模的发展对企业出口行为有更大的影响,其可能的原因是信贷市场更直接地影响企业的融资状况,从而影响企业的出口行为。

表 4.3　金融发展与企业出口的广度和深度(FE 模型)

解释变量	$\ln X$	$\ln C$	$\ln P$	$\ln D$	$\ln A$
	总量(1)	广度(2)	广度(3)	广度(4)	深度(5)
FD_l	0.506 ***	0.193 ***	0.255 ***	−0.133 ***	0.191 ***
	(11.73)	(8.52)	(11.91)	(−9.05)	(5.49)
Leverage	0.001	−0.001**	−0.000	0.001 ***	0.001 *
	(0.83)	(−2.18)	(−0.23)	(2.66)	(1.66)
Mortgage	−0.601 ***	−0.189 ***	−0.158 ***	0.101 ***	−0.354 ***
	(−14.25)	(−9.13)	(−7.96)	(7.4)	(−10.86)
ln TFP	0.767 ***	0.205 ***	0.157 ***	−0.099 ***	0.504 ***
	(20.31)	(13.4)	(10.32)	(−9.67)	(17.56)
ln Scale	0.43 ***	0.163 ***	0.134 ***	−0.083 ***	0.216 ***
	(30.06)	(25.95)	(22.34)	(−20.25)	(20.97)
ln Age	0.056 ***	0.029 ***	0.039 ***	−0.021 ***	0.011
	(4.36)	(4.69)	(6.71)	(−5.34)	(1.1)
Process	0.121 ***	−0.014**	−0.128 ***	0.065 ***	0.199 ***
	(9.29)	(−2.31)	(−20.23)	(14.99)	(18.74)
Import	0.465 ***	0.193 ***	0.182 ***	−0.109 ***	0.2 ***
	(33.92)	(29.54)	(27.6)	(−24.52)	(19.73)
ln Wage	0.128 ***	0.040 ***	0.030 ***	−0.019 ***	0.076 ***
	(13.96)	(9.58)	(7.13)	(−6.63)	(10.37)
ln KL	0.114 ***	0.050 ***	0.040 ***	−0.028 ***	0.051 ***
	(12.43)	(11.95)	(10.11)	(−10.16)	(7.6)
企业效应	Yes	Yes	Yes	Yes	Yes
年份效应	Yes	Yes	Yes	Yes	Yes
R^2	0.108	0.112	0.055	0.055	0.041
观测值个数	180077	180077	180077	180077	180077

注:1.括号内为稳健性 t 值;*,**,*** 分别表明显著性水平为 0.1,0.05,0.01。

2.FE 模型为固定效应模型。

表 4.4　金融发展与企业出口的广度和深度(稳健性分析)

解释变量:存贷款总额与名义 GDP 的比值	lnX	lnC	lnP	lnD	lnA
	总量(1)	广度(2)	广度(3)	广度(4)	深度(5)
FD$_t$	0.237 ***	0.08 ***	0.142 ***	−0.070 ***	0.086 ***
	(10.44)	(6.83)	(12.61)	(−9.23)	(4.59)
Leverage	0.001	−0.001**	−0.000	0.001 ***	0.001*
	(0.85)	(−2.16)	(−0.22)	(2.68)	(1.68)
Mortgage	−0.603 ***	−0.190 ***	−0.159 ***	0.101 ***	−0.355 ***
	(−14.31)	(−9.18)	(−8.00)	(7.43)	(−10.89)
ln TFP	0.768 ***	0.206 ***	0.158 ***	−0.1 ***	0.505 ***
	(20.36)	(13.43)	(10.38)	(−9.72)	(17.58)
ln Scale	0.430 ***	0.164 ***	0.134 ***	−0.083 ***	0.216 ***
	(30.11)	(26.00)	(22.39)	(−20.29)	(21.00)
ln Age	0.057 ***	0.029 ***	0.038 ***	−0.021 ***	0.011
	(4.38)	(4.71)	(6.69)	(−5.34)	(1.11)
Process	0.122 ***	−0.014**	−0.128 ***	0.064 ***	0.199 ***
	(9.35)	(−2.26)	(−20.17)	(14.94)	(18.77)
Import	0.466 ***	0.194 ***	0.182 ***	−0.11 ***	0.2 ***
	(33.98)	(29.6)	(27.63)	(−24.55)	(19.77)
ln Wage	0.128 ***	0.040 ***	0.030 ***	−0.019 ***	0.076 ***
	(13.91)	(9.52)	(7.13)	(−6.62)	(10.35)
ln KL	0.116 ***	0.051 ***	0.041 ***	−0.028 ***	0.052 ***
	(12.67)	(12.19)	(10.33)	(−10.34)	(7.73)
企业效应	Yes	Yes	Yes	Yes	Yes
年份效应	Yes	Yes	Yes	Yes	Yes
R^2	0.107	0.112	0.055	0.055	0.041
观测值个数	180077	180077	180077	180077	180077

注:括号内为稳健性 t 值;*,**,*** 分别表明显著性水平为 0.1,0.05,0.01。

企业的出口行为会反过来影响地区经济发展和市场化,如果地区工业出口量增长带动了该地区金融业的发展,那么企业出口行为与地区金融发展便存在双向因果关系,两者间存在内生性。本章通过 Hausman 检验发现,企业出口总量和出口广度与地区金融发展确实存在内生性。本章通过引入工具变量解决内生性问题,用企业所在省份城乡居民储蓄与名义 GDP 的比值作为贷款与名义 GDP 比值的工具变量。城乡居民储蓄完全是居民自由的选择,它受企业行为和信贷政策的影响很小,更不太可能受企业出口行为的影响。城乡居民储蓄占据了金融机构存款的大部分,城乡居民储蓄与名义 GDP 的比值越高,存款与名义 GDP 的比值也越高,而各地区金融机构存贷比一般比较稳定,从而贷款与名义 GDP 的比值也越高。为了进一步控制内生性,本章使用城乡居民储蓄与名义 GDP 比值滞后两年的数据作为贷款与名义 GDP 比值的工具变量。通过 Kleibergen-Paap 检验拒绝了工具变量和原解释变量不相关的假设;通过 Cragg-Donald 检验发现不存在弱工具变量问题。综合来看这是个较为理想的工具变量。表 4.5 是对基准回归方程使用两阶段最小二乘法的回归结果,其中 Hausman 检验用于检验模型是否存在内生性,当 P 值小于 0.1 时,表明在小于 10% 显著性水平上拒绝所有解释变量均外生的假设。从结果看,除回归方程(5)外,金融发展解释变量 FD_l 的回归系数的符号与表 4.3 是一致的,说明模型的回归结果是稳健的。但控制了内生性后回归系数的绝对值变大了,说明原模型的回归系数低估了金融发展对企业出口行为的影响。经过 Hausman 检验,发现方程(5)并不存在内生性。

表 4.5　金融发展与企业出口的广度和深度(2SLS 模型)

解释变量	lnX	lnC	lnP	lnD	lnA
	总额(1)	广度(2)	广度(3)	广度(4)	深度(5)
FD_l	1.427 ***	0.599 ***	1.609 ***	−0.772 ***	−0.009
	(4.57)	(3.96)	(10.00)	(−7.48)	(−0.04)
Leverage	0.001	−0.001**	−0.000	0.001**	0.001*
	(0.85)	(−2.15)	(−0.02)	(2.12)	(1.68)

续　表

解释变量	lnX	lnC	lnP	lnD	lnA
	总额(1)	广度(2)	广度(3)	广度(4)	深度(5)
Mortgage	−0.584 ***	−0.182 ***	−0.134 ***	0.089 ***	−0.358 ***
	(−13.7)	(−8.69)	(−6.47)	(6.41)	(−10.84)
ln TFP	0.769 ***	0.206 ***	0.159 ***	−0.100 ***	0.504 ***
	(20.34)	(13.42)	(10.12)	(−9.62)	(17.54)
ln Scale	0.425 ***	0.161 ***	0.127 ***	−0.08 ***	0.217 ***
	(29.44)	(25.43)	(20.46)	(−19.12)	(20.81)
ln Age	0.052 ***	0.027 ***	0.032 ***	−0.018 ***	0.012
	(3.97)	(4.33)	(5.34)	(−4.48)	(1.19)
Process	0.12 ***	−0.015**	−0.13 ***	0.065 ***	0.199 ***
	(9.12)	(−2.38)	(−19.71)	(14.86)	(18.74)
Import	0.458 ***	0.19 ***	0.171 ***	−0.104 ***	0.201 ***
	(32.92)	(28.66)	(24.97)	(−22.79)	(19.56)
ln Wage	0.133 ***	0.042 ***	0.037 ***	−0.022 ***	0.075 ***
	(14.26)	(9.9)	(8.26)	(−7.48)	(10.1)
ln KL	0.104 ***	0.046 ***	0.026 ***	−0.021 ***	0.053 ***
	(10.51)	(10.16)	(5.78)	(−7.04)	(7.19)
企业效应	Yes	Yes	Yes	Yes	Yes
年份效应	Yes	Yes	Yes	Yes	Yes
Hausman 检验 P 值	0	0	0	0	0.285
Cragg-Donald 统计量	2431	2431	2431	2431	2431
观测值个数	156056	156056	156056	156056	156056

注:括号内为稳健性 z 值;*,**,*** 分别表明显著性水平为 0.1,0.05,0.01。

二、分类样本回归

随着我国银行业渐进改革的推进,银行业竞争程度和信贷资金配置效率不断提升。第二章第五节分析指出,国有企业和私营企业从信贷市场上获得资金的难易程度是不同的,因此贷款规模的增加对这两类企业的影响也是不同的。为此本章对这两类样本分别进行估计,并预期金融发展对国有企业的出口行为影响更大。外资企业往往容易从国外母公司获得融资或从母国完善的金融市场获得融资,因此外资企业有更广泛的融资渠道(Fan et al.,2012;Peng et al.,2013)。鉴于外资企业与本土企业面临的融资约束情形不同,国内金融发展对外资企业的影响也应该有所不同。本章也单独对外资企业进行回归。本章对所有分类样本回归模型的内生性进行了 Hausman 检验,为了节约篇幅,当 Hausman 检验的 P 值小于 0.1 时,报告工具变量两阶段最小二乘法回归结果,当 P 值大于 0.1 时,报告固定效应模型回归结果。

表 4.6、表 4.7、表 4.8 分别是对私营企业、国有企业和外资企业样本的回归结果。从表 4.6 可以看出,金融发展对私营企业的出口行为大多没有显著影响,只有对出口总量有显著性水平很低的影响,并且对出口总量的影响是负向的。金融发展对私营企业出口行为的影响大多不显著的可能原因是,私营企业大部分是规模较小的企业,在银行贷款中受到歧视,以致私营企业大多通过非正规金融渠道获得资金。从表 4.7 可以看出,金融发展会增加国有企业的出口总量和出口产品广度,降低出口渗透率。金融发展 FD_l 的值每增加 1,出口总量增加 39.5%,出口产品广度增加 24.5%,出口渗透率下降 15.8%;对出口目的地广度和出口深度没有显著的影响。这个结果基本符合预期。从表 4.8 可以看出,金融发展对外资企业的出口总量、出口广度和出口深度均有显著的影响,金融发展 FD_l 的值每增加 1,外资企业的出口总量增加 132.6%,出口目的地广度增加 54.1%,出口产品广度增加 140.7%,出口渗透率下降 67.1%,出口深度上升 14%。可以看出金融发展对外资企业出口行为的影响最大。

表 4.6　金融发展与企业出口的广度和深度(私营企业)

解释变量	2SLS 模型	2SLS 模型	2SLS 模型	2SLS 模型	2SLS 模型
	$\ln X$	$\ln C$	$\ln P$	$\ln D$	$\ln A$
	总量(1)	广度(2)	广度(3)	广度(4)	深度(5)
FD_t	−12.566*	−3.898	−4.211	1.995	−6.455
	(−1.82)	(−1.46)	(−1.54)	(1.24)	(−1.61)
Leverage	0.004	0.004	−0.002	−0.001	0.003
	(0.50)	(1.00)	(−0.41)	(−0.26)	(0.45)
Mortgage	−1.015 ***	−0.325 ***	−0.243 ***	0.136**	−0.583 ***
	(−4.62)	(−3.59)	(−2.67)	(2.43)	(−4.46)
ln TFP	0.856 ***	0.278 ***	0.186 ***	−0.12 ***	0.512 ***
	(7.12)	(5.96)	(4.04)	(−3.96)	(6.32)
ln Scale	0.489 ***	0.202 ***	0.112 ***	−0.076 ***	0.251 ***
	(10.01)	(10.23)	(5.67)	(−6.24)	(8.27)
ln Age	−0.052	−0.003	0.016	−0.017	−0.048
	(−0.86)	(−0.11)	(0.62)	(−1.06)	(−1.36)
Process	0.033	−0.050*	−0.125 ***	0.073 ***	0.136 ***
	(0.54)	(−1.84)	(−4.39)	(4.11)	(3.24)
Import	0.476 ***	0.2 ***	0.178 ***	−0.115 ***	0.214 ***
	(12.5)	(12.36)	(10.79)	(−10.87)	(9.00)
ln Wage	0.054	0.027	−0.005	−0.002	0.033
	(0.74)	(0.94)	(−0.15)	(−0.09)	(0.75)
ln KL	0.168 ***	0.061 ***	0.050 ***	−0.032 ***	0.089 ***
	(5.49)	(4.58)	(3.56)	(−3.73)	(4.83)
企业效应	Yes	Yes	Yes	Yes	Yes
年份效应	Yes	Yes	Yes	Yes	Yes
Hausman 检验 P 值	0	0.009	0.005	0.055	0.008

续　表

解释变量	2SLS 模型	2SLS 模型	2SLS 模型	2SLS 模型	2SLS 模型
	$\ln X$	$\ln C$	$\ln P$	$\ln D$	$\ln A$
	总量(1)	广度(2)	广度(3)	广度(4)	深度(5)
Cragg-Donald 统计量	36.092	36.092	36.092	36.092	36.092
观测值个数	31005	31005	31005		

注:括号内为稳健性 z 或 t 值;*,**,*** 分别表明显著性水平为 0.1,0.05,0.01。

表 4.7　金融发展与企业出口的广度和深度(国有企业)

解释变量	FE 模型	2SLS 模型	FE 模型	FE 模型	FE 模型
	$\ln X$	$\ln C$	$\ln P$	$\ln D$	$\ln A$
	总量(1)	广度(2)	广度(3)	广度(4)	深度(5)
FD$_l$	0.395 ***	−1.171	0.245 ***	−0.158 ***	0.045
	(2.73)	(−1.49)	(3.60)	(−3.26)	(0.44)
Leverage	−0.006	−0.005	−0.006	0.006 **	−0.001
	(−0.48)	(−0.72)	(−1.44)	(2.36)	(−0.16)
Mortgage	−0.472 ***	−0.256 ***	−0.094	0.115 **	−0.307 ***
	(−3.35)	(−3.19)	(−1.49)	(2.55)	(−2.88)
ln TFP	0.735 ***	0.288 ***	0.156 ***	−0.125 ***	0.414 ***
	(7.01)	(6.16)	(3.75)	(−4.29)	(4.98)
ln Scale	0.268 ***	0.151 ***	0.100 ***	−0.074 ***	0.107 ***
	(6.50)	(7.36)	(6.10)	(−6.27)	(3.9)
ln Age	0.06 **	0.03 **	0.024 **	−0.015 **	0.026
	(2.39)	(2.48)	(2.24)	(−2.00)	(1.42)
Process	0.129 **	−0.068 ***	−0.111 ***	0.084 ***	0.225 ***
	(2.34)	(−2.60)	(−4.48)	(4.77)	(5.29)
Import	0.539 ***	0.244 ***	0.205 ***	−0.14 ***	0.240 ***
	(15.88)	(14.35)	(13.09)	(−12.89)	(9.95)

续　表

解释变量	FE 模型	2SLS 模型	FE 模型	FE 模型	FE 模型
	$\ln X$	$\ln C$	$\ln P$	$\ln D$	$\ln A$
	总量(1)	广度(2)	广度(3)	广度(4)	深度(5)
$\ln$ Wage	0.152 ***	0.026	0.023*	−0.023**	0.113 ***
	(4.82)	(1.60)	(1.76)	(−2.42)	(4.68)
$\ln$ KL	0.037	0.04 ***	0.025**	−0.022 ***	0.003
	(1.38)	(2.92)	(2.23)	(−2.74)	(0.16)
企业效应	Yes	Yes	Yes	Yes	Yes
年份效应	Yes	Yes	Yes	Yes	Yes
R^2	0.104		0.043	0.046	0.050
Hausman 检验 P 值	0.134	0.010	0.444	0.503	0.246
Cragg-Donald 统计量		139.975			
观测值个数	23830	21754	23830	23830	23830

注:括号内为稳健性 z 或 t 值;*,**,*** 分别表明显著性水平为 0.1,0.05,0.01。

表 4.8　金融发展与企业出口的广度和深度(外资企业)

解释变量	2SLS 模型	2SLS 模型	2SLS 模型	2SLS 模型	FE 模型
	$\ln X$	$\ln C$	$\ln P$	$\ln D$	$\ln A$
	总量(1)	广度(2)	广度(3)	广度(4)	深度(5)
FD_l	1.326 ***	0.541 ***	1.407 ***	−0.671 ***	0.140 ***
	(4.80)	(4.01)	(9.88)	(−7.34)	(3.57)
Leverage	0.001	−0.001 ***	0**	0***	0.001
	(1.27)	(−4.23)	(2.18)	(3.45)	(1.20)
Mortgage	−0.540 ***	−0.149 ***	−0.163 ***	0.095 ***	−0.323 ***
	(−11.07)	(−6.21)	(−6.83)	(5.95)	(−8.24)
$\ln$ TFP	0.738 ***	0.169 ***	0.147 ***	−0.088 ***	0.51 ***
	(16.94)	(9.92)	(8.08)	(−7.43)	(15.3)

续 表

解释变量	2SLS 模型	2SLS 模型	2SLS 模型	2SLS 模型	FE 模型
	$\ln X$	$\ln C$	$\ln P$	$\ln D$	$\ln A$
	总量(1)	广度(2)	广度(3)	广度(4)	深度(5)
ln Scale	0.438 ***	0.151 ***	0.136 ***	−0.080 ***	0.231 ***
	(26.83)	(20.98)	(19.11)	(−16.85)	(18.79)
ln Age	0.097 ***	0.039 ***	0.026 ***	−0.011**	0.042 ***
	(5.31)	(4.65)	(3.19)	(−2.08)	(3.00)
Process	0.109 ***	−0.012*	−0.132 ***	0.063 ***	0.19 ***
	(7.95)	(−1.79)	(−19.02)	(13.47)	(16.86)
Import	0.395 ***	0.155 ***	0.165 ***	−0.088 ***	0.162 ***
	(21.5)	(17.75)	(17.97)	(−14.83)	(11.66)
ln Wage	0.125 ***	0.037 ***	0.033 ***	−0.019 ***	0.073 ***
	(12.11)	(7.88)	(6.67)	(−5.81)	(8.72)
ln KL	0.091 ***	0.038 ***	0.029 ***	−0.021 ***	0.044 ***
	(8.4)	(7.78)	(5.89)	(−6.49)	(5.50)
企业效应	Yes	Yes	Yes	Yes	Yes
年份效应	Yes	Yes	Yes	Yes	Yes
R^2					0.036
Hausman 检验 P 值	0	0	0	0	0.583
Cragg-Donald 统计量	2630.512	2630.512	2630.512	2630.512	
观测值个数	103132	103132	103132	103132	115134

注:括号内为稳健性 z 或 t 值;*,**,*** 分别表明显著性水平为 0.1,0.05,0.01。

随着金融制度的改革和发展,企业的融资环境得到了很大的改善。然而中国的地域广阔,各个地区金融市场化进程差异很大。市场化进程不同,金融发展对企业出口行为的影响应该是不同的。基于此,本章根据樊纲等(2011)编制的金融市场化指数,将我国的省(区、市)分成金融市场化高和金融市场化低两组①。预期金融市场化高的地区,其信贷资金的配置效率将更高,企业的融资成本将更低,外源融资也更便利,金融发展对企业出口行为将有更大的影响。

表4.9、表4.10分别是对金融市场化高的样本和金融市场化低的样本的回归结果。金融发展 FD$_l$ 的值每增加1,金融市场化高的地区企业出口总量增加118.2%,出口目的地广度增加52.9%,出口产品广度增加49.2%,出口渗透率下降31.2%,出口深度增加37.2%。FD$_l$ 的值每增加1,金融市场化低的地区的企业出口目的地广度下降144.7%,出口产品广度下降342.7%,出口渗透率增加216.4%,出口深度上升409.4%,金融发展对金融市场化低的地区的企业出口总量影响并不显著。总体而言,金融发展对金融市场化高的地区的企业出口行为正向影响更大。然而与预期不符的是,金融发展会降低金融市场化低的地区企业的出口目的地数量和出口产品数量,但会大幅提升出口渗透率和出口深度。可能的原因是,金融市场化低的16省(区)大多经济较落后,经济开放度低,出口企业少,但出口的企业大多是大型国有企业,金融发展后企业会更集中增加研发投入,减少出口产品数量,提高产品质量和竞争力,从而降低了出口产品广度,但大幅提高出口渗透率和出口深度。至于减少了出口目的地数量,原因尚不清楚。

表 4.9　金融发展与企业出口的广度和深度(金融市场化高的地区)

解释变量	2SLS 模型	2SLS 模型	2SLS 模型	2SLS 模型	FE 模型
	ln$X$	ln$C$	ln$P$	ln$D$	ln$A$
	总量(1)	广度(2)	广度(3)	广度(4)	深度(5)
FD$_l$	1.182 ***	0.529 ***	0.492 ***	−0.312 ***	0.372 ***
	(9.27)	(7.88)	(7.92)	(−7.23)	(8.44)
Leverage	0.001	−0.001**	0	0.001 ***	0.001*
	(0.77)	(−2.37)	(−0.22)	(2.59)	(1.9)

———————————

① 金融市场化程度高的省(区、市)包括北京、天津、河北、辽宁、上海、江苏、浙江、安徽、福建、山东、河南、广东、重庆、陕西、宁夏;其余为金融市场化程度低的。因数据可得性原因,没有包括港澳台。

续　表

解释变量	2SLS 模型	2SLS 模型	2SLS 模型	2SLS 模型	FE 模型
	ln$X$	ln$C$	ln$P$	ln$D$	ln$A$
	总量(1)	广度(2)	广度(3)	广度(4)	深度(5)
Mortgage	−0.614 ***	−0.194 ***	−0.158 ***	0.1 ***	−0.364 ***
	(−13.89)	(−8.71)	(−7.44)	(6.81)	(−10.71)
ln TFP	0.746 ***	0.198 ***	0.144 ***	−0.095 ***	0.5 ***
	(18.15)	(11.77)	(8.88)	(−8.55)	(16.0)
ln Scale	0.449 ***	0.169 ***	0.136 ***	−0.084 ***	0.228 ***
	(30)	(24.91)	(20.79)	(−18.58)	(21.09)
ln Age	0.038 ***	0.022 ***	0.033 ***	−0.018 ***	0.001
	(2.74)	(3.34)	(5.24)	(−4.08)	(0.1)
Process	0.114 ***	−0.015 **	−0.128 ***	0.064 ***	0.194 ***
	(7.93)	(−2.21)	(−18.39)	(13.39)	(16.69)
Import	0.464 ***	0.194 ***	0.184 ***	−0.111 ***	0.198 ***
	(31.56)	(27.41)	(26.01)	(−23.00)	(18.39)
ln Wage	0.141 ***	0.047 ***	0.035 ***	−0.022 ***	0.081 ***
	(14.1)	(10.03)	(7.54)	(−7.18)	(10.22)
ln KL	0.11 ***	0.049 ***	0.041 ***	−0.027 ***	0.048 ***
	(11.5)	(10.67)	(9.37)	(−8.85)	(6.8)
企业效应	Yes	Yes	Yes	Yes	Yes
年份效应	Yes	Yes	Yes	Yes	Yes
R^2					0.045
Hausman 检验 P 值	0	0	0	0	0.209
Cragg-Donald 统计量	16000	16000	16000	16000	
观测值个数	131497	131497	131497	131497	151969

注:括号内为稳健性 z 或 t 值;*,**,*** 分别表明显著性水平为 0.1,0.05,0.01。

表 4.10　金融发展与企业出口的广度和深度(金融市场化低的地区)

解释变量	2SLS 模型	2SLS 模型	2SLS 模型	2SLS 模型	2SLS 模型
	$\ln X$	$\ln C$	$\ln P$	$\ln D$	$\ln A$
	总量(1)	广度(2)	广度(3)	广度(4)	深度(5)
FD$_t$	1.385	−1.447**	−3.427***	2.164***	4.094***
	(1.15)	(−2.52)	(−5.04)	(4.85)	(3.68)
Leverage	0	0.002	−0.002	0.005	−0.005
	(−0.01)	(0.34)	(−0.26)	(0.81)	(−0.35)
Mortgage	−0.425***	−0.113*	−0.111*	0.068	−0.269**
	(−3.28)	(−1.92)	(−1.65)	(1.56)	(−2.37)
ln TFP	0.855***	0.232***	0.197***	−0.109***	0.534***
	(9.36)	(6.2)	(4.29)	(−3.66)	(6.92)
ln Scale	0.303***	0.133***	0.144***	−0.090***	0.116***
	(7.68)	(8.01)	(8.21)	(−7.76)	(3.83)
ln Age	0.144***	0.079***	0.099***	−0.06***	0.025
	(3.91)	(4.69)	(5.17)	(−4.63)	(0.80)
Process	0.143***	−0.021	−0.137***	0.077***	0.225***
	(4.54)	(−1.42)	(−7.81)	(6.53)	(8.09)
Import	0.429***	0.166***	0.148***	−0.085***	0.2***
	(11.06)	(9.46)	(6.63)	(−5.91)	(5.97)
ln Wage	0.081***	0.035***	0.051***	−0.028***	0.023
	(3.16)	(3.07)	(3.66)	(−3.13)	(1.03)
ln KL	0.099***	0.018	−0.005	−0.004	0.09***
	(3.4)	(1.49)	(−0.36)	(−0.46)	(3.83)
企业效应	Yes	Yes	Yes	Yes	Yes
年份效应	Yes	Yes	Yes	Yes	Yes
Hausman 检验 P 值	0.077	0	0	0	0
Cragg-Donald 统计量	182	182	182	182	182
观测值个数	24553	24553	24553	24553	24553

注:括号内为稳健性 t 或 z 值;*,**,*** 分别表明显著性水平为 0.1,0.05,0.01。

本章通过对数据的回归分析发现,金融发展显著提高了企业出口总量、出口目的地广度、出口产品广度和出口深度,但降低了出口渗透率,这表明金融发展提升了企业出口的扩展边际,促进了出口规模的扩大,但并未大幅提升企业的产品质量。通过分类样本回归发现,金融发展对外资企业出口行为影响最大,对国有企业影响次之,对私营企业影响最小。通过对金融市场化进程不同的样本回归发现,金融发展对金融市场化高的样本的出口促进作用更大。本章通过使用不同的变量测量和控制内生性后,回归系数依然稳健,实证结果强烈支持了理论分析提出的假说。

第五节　小结

中国作为一个"新兴加转轨"的经济体,同时经历了出口贸易快速增长和以银行为主体的金融市场发展过程。检验金融发展对企业出口行为的影响具有现实意义。本章的分析与现有文献相比有两个方面不同,首先,在质量异质性和融资约束下分析金融发展对多产品企业出口行为的影响机制,并指出金融发展通过提高企业融资便利和降低融资成本促进了企业的出口。其次,对企业出口量进行了细致的分解,将金融发展对企业出口行为影响的分析深入出口产品、目的地和出口渗透率层面。使用中国工业企业数据库和中国海关数据库的匹配数据,分析了2000—2006年金融发展对企业出口行为的影响,发现金融发展显著提高了企业出口总量、出口目的地广度、出口产品广度和出口深度,但降低了出口渗透率;金融发展对外资企业出口行为影响最大,对国有企业影响次之,对私营企业影响最小。研究进一步发现,金融发展对金融市场化高的地区的企业出口的促进作用更大。

在回归中,本章发现金融发展更多是促进了企业出口规模的发展,并没有提升企业出口渗透率。出口渗透率反映企业出口产品对现有出口市场的渗透程度,它与产品质量有很大关系。质量越高的产品越具有竞争力,能出口到越多的目的地市场。金融机构作为一个以利润最大化为目标的"理性人",其信贷资金往往更偏好那些通过扩大出口产品快速盈利的项目或企业,并不偏好那些风险较高且需要很长时间才有回报的研发项目。随着劳动力成本、原材料和能源价格的上升,我国制造业的低成本优势逐渐丧失。企业过分注重规模效应和短期效应并不利于产品质量升级,也不利于我国由制造业大国转变为制造业强国,由出口大国转变为出口强国。促进产品质量升级单靠市场自发的力量并不够,需要政府在政策上进行引导和支持,例如,在出口退税时对高质量产品实行更高比例的退税,以鼓励企业制造和出口更高质量的产品。

第五章　出口产品多元化、金融发展与出口产品质量

第一节　引言

出口贸易经过多年的高速增长,在规模上中国已是出口大国,但出口产品质量并没得到有效的提升(张杰等,2014)。随着原材料和劳动力成本的上升,中国制造业低成本的优势逐渐消失,由低成本、低质量、低价格的竞争方式带来的出口增长难以为继,重视产品质量升级、不断提高竞争力将是未来出口增长的关键。同时,中国出口产品存在明显的多元化趋势,2000—2006 年中国出口中多产品出口企业数量占全部出口企业的 70％～76％,多产品企业出口量占总出口量的 92％～95％,这两个比例均逐年增加①。可见,中国企业的出口行为主要表现为多产品出口。同时有文献分析指出,中国出口增长有较大比例来源于企业内出口产品范围的扩展(Manova et al.,2009;钱学锋等,2013)。但企业内产品范围的扩展是否会影响企业的贸易条件,即企业出口产品多元化是否有利于出口产品质量和竞争力升级? 这是本章要研究的问题。

随着新的微观企业出口数据可获得性的提高,学者纷纷突破 Melitz (2003)的单一产品假设,展开对多产品企业出口行为的研究。在理论方

---

① 使用中国海关数据库数据进行统计,其中剔除了进出口中间商样本。

面,Bernard 等(2011)构建了多产品出口理论模型,认为企业生产和出口产品的范围由企业的能力和专业化知识两方面内生决定。Mayer 等(2011)也提出了多产品模型,认为每个企业都可以生产多个产品,但有一个核心产品,距离核心产品越远的产品,生产效率越低,边际成本越高,产品的吸引力就越低。Nocke 等(2013)认为企业的产品范围由企业的组织能力内生决定。这些文献从不同方面分析了多产品企业的产品范围、出口价格和出口量的内生决定(Manova et al.,2012;Mayer et al.,2011),为我们理解多产品企业出口行为提供了理论基础。

在实证方面,Iacovone 等(2010)对墨西哥企业进行研究后发现,新进入出口市场的企业普遍出口较少的产品,这些产品大多数已在国内销售,企业进入的新目的地大多已有其他出口企业在销售同类产品,当企业发现全新的出口市场时,其他出口企业很快便会跟进销售同类产品。Bernard 等(2011)对美国企业进行研究后发现,贸易自由化促使企业放弃其不具有优势的产品,将生产集中于最成功的产品,也即贸易自由化缩小了企业的出口产品范围。Mayer 等(2011)对法国企业进行分析后发现,市场竞争效应迫使企业将出口集中于出口销售最好的少数产品。彭国华和夏帆(2013)分析了中国出口企业生产率与加权出口广度和深度的关系,认为生产率与企业的出口广度和深度具有正相关关系、并进一步分析指出,更大的目的地市场和更激烈的市场竞争会导致企业相对集中于出口在当地市场具有核心优势的产品。以上文献的研究重点是出口产品范围与产品出口量的关系,出口产品范围与出口增长的关系,以及企业生产率与出口广度的关系。Manova 等(2009)、钱学锋等(2013)的研究表明出口产品范围扩大有利于出口增长。但这是否有利于企业产品的质量升级? 如果不利于质量升级,那么增加企业内出口的扩展边际,仅有利于中国成为世界工厂而不利于成为制造业强国,仅有利于中国成为贸易大国而不利于成为贸易强国。目前鲜有文献分析出口产品多元化对企业出口产品价格和质量的影响,深入研究企业内出口产品多元化对产品质量的影响有较为重要的政策意义。

近年来,分析出口产品质量的文献较多,对出口产品质量的研究是国际贸易领域的一个研究热点(Khandelwal,2010;Piveteau et al.,2013;Bernini et al.,2013;李坤望等,2013;施炳展等,2013;张杰等,2014;Fan et al.,2014;李坤望等,2014),而分析中国多产品出口企业产品质量的文献较少。Manova 等(2012)较全面地提炼了中国多产品企业出口产品质量的典型事实。他们发现:①无论是双边贸易还是全球贸易,出口产品的价格与销量都存在正相关关系;②出口产品价格与投入进口中间品价格存在正相关关系;③企业在出口较少品种的目的地市场,更集中地出口具有核心竞争力的品种;④企业在出口较少品种的目的地市场实现的出口收益较少,且集中出口其价格昂贵的品种而放弃价格低廉的品种。尽管本章与 Manova 等(2012)均研究中国多产品企业产品质量问题,但两者存在重大的区别,Manova 等(2012)的重点在企业的双边贸易上,本章研究的重点是企业内部出口产品多元化对企业出口产品平均质量的影响。

本章通过统计和回归分析,尝试全面、深入厘清企业出口产品多元化对产品质量的影响。具体而言,本章的贡献主要体现在三个方面。

(1)利用中国海关进出口数据库数据,提炼了中国多产品企业出口产品多元化的事实,并进一步分析发现,出口产品多元化对产品质量的影响是复杂的。具体而言,出口产品多元化不利于提升产品质量,企业核心产品地位下降会降低产品的质量,出口产品结构趋向集中也会降低产品的质量。

(2)从三个维度测量企业出口产品多元化:一是出口产品范围;二是出口产品结构,目前常用的测量出口集中度的指数 HHI、GINI 等均包含了数量和结构两个方面的含义(陈蓉等,2014),无法单独测量企业的出口结构,为此本章构造了仅测量出口结构的多元化指标;三是核心产品地位。

(3)检验了金融发展对企业出口产品质量的影响。

本章接下来的结构安排如下:第二节分析产品多元化影响产品质量的机制;第三节对所使用的数据进行说明,提炼中国企业出口产品多元化的事实;第四节分析出口产品多元化对产品质量的影响;第五节分析金融发展对企业出口产品质量的影响;第六节为本章的小结。

第二节　理论模型

本章借鉴 Manova 等（2012）模型的基本理论框架，分析多产品企业出口产品范围、出口结构与平均出口价格的关系。假定经济体由 $j+1$ 个国家组成，每个国家的消费者均具有二次型效用函数，国家 j 的效用函数为：

$$U_j = x_{j0} + \beta \int_{i \in \Omega_j} q_{ji} x_{ji} \, \mathrm{d}i - \frac{1}{2} \gamma \int_{i \in \Omega_j} (q_{ji} x_{ji})^2 \, \mathrm{d}i - \frac{1}{2} \eta \left[\int_{i \in \Omega_j} q_{ji} x_{ji} \, \mathrm{d}i \right]^2$$

$$(5.1)$$

式中，x_{j0} 为同质产品的需求量；x_{ji} 为第 i 种具有连续差异性产品的需求量；Ω_j 为 j 国可供消费的差异性产品集；γ 反映差异性产品的差异程度；β、η 反映同质产品和差异性产品之间的替代弹性，γ、β、η 均大于零；q_{ji} 为产品 i 的质量。产品质量由两个方面决定：一个是企业的能力 $\varphi \in (0, \infty)$，φ 的密度函数和累积分布函数分别为 $g(\varphi)$ 和 $G(\varphi)$；另一个是专业化知识 $\lambda_i \in (0, \infty)$，$\lambda_i$ 的密度函数和累积分布函数分别为 $z(\lambda)$ 和 $Z(\lambda)$。$g(\varphi)$ 和 $z(\lambda)$ 相互独立，且在不同的企业间服从相同的分布；λ_i 在不同的企业和产品间服从独立同分布。劳动是唯一的要素投入，产品的质量由生产产品的边际成本刻画。假定生产 1 单位质量为 q_i 的 i 产品需要投入 $\varphi \lambda_i$ 单位的劳动，其中 $q_i(\varphi, \lambda_i) = (\varphi \lambda_i)^{1+\theta}$，与第四章的分析相同，假定 $\theta > 0$，表示产品质量的提高比边际成本快。企业对不同产品的研发产出不同程度的专业化知识，企业使用这些专业化知识生产具有质量差异化的产品。假定 j 国的消费总支出为 R_j，那么 j 国对 i 产品的需求可以表示为：

$$x_{ji} = \frac{R_j}{\gamma q_{ji}} \left(\bar{P}_j - \frac{p_{ji}}{q_{ji}} \right), \text{其中} \; \bar{P}_j = \frac{\eta M_j P_j + \beta \gamma}{\eta M_j + \gamma}, \; P_j = \frac{1}{M_j} \int_{i \in \Omega_j} \frac{p_{ji}}{q_{ji}} \, \mathrm{d}i$$

$$(5.2)$$

式中，P_j 表示经质量调整后的 j 国产品的平均价格；$\bar{P}_j$ 表示经质量调整后的平均价格上限，大于该价格则需求为零；M_j 表示 j 国消费品的种类数。

出口到 j 国的冰山成本为 τ_j（$\tau_j > 1$）。对任一出口企业而言，平均价格 $\overline{P}_j$、P_j 是既定的，企业通过选择产品的价格和产量最大化每一个出口产品-目的地组合的利润：

$$\max_{p,x}\pi_{ji}(\varphi,\lambda_i) = p_{ji}(\varphi,\lambda_i)x_{ji}(\varphi,\lambda_i) - \tau_j x_{ji}(\varphi,\lambda_i)\varphi\lambda_i$$

$$\text{s. t.} \quad x_{ji}(\varphi,\lambda_i) = \frac{R_j}{\gamma q_{ji}(\varphi,\lambda_i)}\left[\overline{P}_j - \frac{p_{ji}(\varphi,\lambda_i)}{q_{ji}(\varphi,\lambda_i)}\right] \tag{5.3}$$

通过最优化式(5.3)可以得到企业出口到 j 国的 i 产品的最优价格 p_{ji}，出口收益 r_{ji}，利润 π_{ji}，成本加成 υ_{ji}：

$$p_{ji}(\varphi,\lambda_i) = \frac{1}{2}\left[\overline{P}_j(\varphi\lambda_i)^{1+\theta} + \tau_j\varphi\lambda_i\right] \tag{5.4}$$

$$r_{ji}(\varphi,\lambda_i) = \frac{R_j}{4\gamma}\left[\overline{P}_j^2 - \tau_j^2(\varphi\lambda_i)^{-2\theta}\right] \tag{5.5}$$

$$\pi_{ji}(\varphi,\lambda_i) = \frac{R_j}{4\gamma}\left[\overline{P}_j - \tau_j(\varphi\lambda_i)^{-\theta}\right]^2 \tag{5.6}$$

$$\upsilon_{ji}(\varphi,\lambda_i) = \frac{1}{2}\left[\overline{P}_j(\varphi\lambda_i)^{1+\theta} - \tau_j\varphi\lambda_i\right] \tag{5.7}$$

因 $\theta > 0$，企业中有更高边际成本的产品将有更高的价格、更高的收益和利润。尽管式(5.4)(5.5)(5.6)(5.7)是从双边贸易角度推导的，但质量本质上是性价比，体现产品的竞争力，企业会严格依据产品的质量从高到低依次出口到每个目的地，于是以上四式的结论也适合全球贸易。拥有能力 φ 的企业出口产品的加权价格 $\overline{p}_\varphi$ 可以表示为：

$$\overline{p}_\varphi = \sum_{j=1}^{J}\frac{r_j(\varphi)}{R_\varphi}\overline{p}_j(\varphi)\text{，其中 } \overline{p}_j(\varphi) = \int_{\lambda_j^*(\varphi)}^{\infty}\frac{r_j(\varphi,\lambda)}{r_j(\varphi)}p_j(\varphi,\lambda)z(\lambda)\mathrm{d}\lambda,$$

$$r_j(\varphi) = \int_{\lambda_j^*(\varphi)}^{\infty}r_j(\varphi,\lambda)z(\lambda)\mathrm{d}\lambda \tag{5.8}$$

式中，R_φ 为企业 φ 的总出口量，$r_j(\varphi)$ 为企业 φ 出口到 j 国的出口量，$\overline{p}_j(\varphi)$ 为企业 φ 出口到 j 国的加权平均价格，$\lambda_j^*(\varphi)$ 为企业 φ 的产品出口到 j 国的临界专业化知识[1]。由式(5.4)和(5.5)可知，在产品的专业化

---

① 由式(5.6)及企业出口的非负利润条件可得到：$\lambda_j^*(\varphi) = \frac{1}{\varphi}\left(\frac{\overline{P}_j}{\tau_j}\right)^{-\frac{1}{\theta}}$。由式(5.6)可知，企业 φ 出口产品 i 到 j 国的利润与企业的能力 φ 和产品的专业化知识 λ_i 均为单调递增关系，故有，$\frac{\mathrm{d}\lambda_j^*(\varphi)}{\mathrm{d}\varphi} < 0$，即对特定的出口目的国，有较高能力的企业有较低的出口临界专业化知识值。

知识既定的条件下,企业出口的收益和价格与企业的能力 φ 正相关,同时由式(5.8)可知,企业出口产品的加权价格与企业的能力正相关,于是提出以下假说:

假说 5.1:在企业出口产品专业化知识既定的情况下,企业出口产品的加权价格与企业的能力正相关。

假定研发产出的某项专业化知识服从随机分布,且某项研发的投入越大,得到的高专业化知识的概率就越大。借鉴 Nocke 等(2013)的思想,本章认为在企业的规模和能力 φ 既定的情况下,企业用于研发的资源供给既定,企业生产的产品越多,产品的平均专业化知识便越低;企业生产的产品越少,产品的平均专业化知识便越高。当规模和能力 φ 既定的企业生产较少产品时,平均而言,产品有更高的专业化知识和质量。由式(5.4)(5.5)(5.8)可知,在企业的规模和能力既定的情况下,企业出口产品越多,企业产品的加权平均价格就越低,于是提出以下假说:

假说 5.2:在企业的规模和能力既定的情况下,企业出口产品数量与出口产品的平均价格负相关。

与 Mayer 等(2011)、Manova 等(2012)、彭国华等(2013)的做法类似,本章把企业出口量最大的产品作为企业的核心产品,用核心产品的销量与销量第二名的产品销量的比值来衡量核心产品的地位,该比值越高,表明核心产品的地位越高。由式(5.5)可知,产品的销量与质量正相关,有最高销量的产品往往有最高的质量;由式(5.4)可知,具有最高销量的核心产品应该有最高的价格。结合式(5.8),提出以下假说:

假说 5.3:在企业能力、出口产品数量既定的情况下,企业的核心产品地位与企业产品平均出口价格正相关。

对企业 φ 而言,目的地国的平均价格 $\overline{P}_j$ 和企业的能力 φ 均为既定,那么企业 φ 出口产品到 j 国的专业化知识临界值 $\lambda_j^*(\varphi)$ 也为给定。企业出口的产品越多,平均而言,产品间的专业化知识差距就越小,产品的质量差距也越小,企业的核心产品地位就越不显著。基于此,提出以下假说:

假说 5.4:在企业能力既定的情况下,企业出口产品越多,企业的核心产品地位就越低。

第三节　数据说明与典型事实

一、数据说明

　　本章的实证分析使用中国海关数据库 2000—2006 年的数据。其包含了企业、HS8 位码产品、出口目的地每月的进出口数据，是目前分析中国出口产品质量文献的主要数据。数据处理方法如下：首先把月度数据汇总成年度数据，该数据包含了 243490 家企业 741214 条年度观测记录。为了避免测量误差对分析产生影响，本章删除了 HS8 位码产品价格最高和最低的 1‰观测值。包含了一些专门从事进出口贸易的中间商企业，显然中间商企业的行为与制造业企业的行为是不一样的。本章遵从文献的通常做法，删除了企业名称中含有"对外贸易"和"进出口"字样的观测值。本章关注的是企业出口产品多元化对企业产品质量的影响，仅需要分析企业层面的数据，因此进一步把数据整理汇总成企业层面的数据，共包含 229689 家企业，686002 个观测值。本章不仅从产品范围维度测量多元化，还从核心产品地位和产品结构测量多元化，故进一步删除出口单一产品的企业的观测值，剩余的数据包含 179743 家企业，504562 个观测值。

二、变量的测量

1.企业产品质量

　　随着包含出口价值量和数量两个维度的企业微观贸易数据可获得性的提高，研究出口产品质量测算方法的文献快速涌现。目前常用的方法：一是事后反推法，利用产品的价格和需求量等信息反推产品的质量。使用该方法的有 Khandelwal（2010）、Piveteau 等（2013）、施炳展等（2013）、施炳展（2013）、张杰等（2014）。二是相对单位价值法。由于不同类产品的单位价值不具有可比性，绝对单位价值代理产品质量的方法基本被学界所放弃。相对单位价值法使用企业出口产品的单位价值与该产品在全国(出口国)或全球(如果可以获得全球的出口数据)的平均出口单位价值的比值代理产品质量,该比值越高代表产品的质量越高。例如,Fontagne 等(2007)、Manova 等(2012)、李坤望等(2013,2014)使用该方法测算产品质量。两种方法尽管在技术处理上差异很大,但其背后的逻辑基本一致。事后反推法的逻辑为,相同的价格有更大需求量的,表示消费者对产品质量认可;单位价值法的逻辑为,同类产品消费者愿意出更高价格的,表示消费者对产品质量认可。然而,正如 Piveteau 等(2013)所指出的,事后反推法需要使用产品的需求信息和价格信息对质量进行估计,出口商往往会通过调整价格来应对需求冲击,于是价格和需求量之间便存在内生性,处理内生性是个棘手的问题。对需求结构进行不同的设定以及对内生性进行不同的处理往往会得出差异很大的结果。例如,同是使用中国海关数据库 2000—2006 年的数据,张杰等(2014)测算得到中国出口产品质量总体有轻微下降的趋势,而施炳展(2013)测算得到中国出口产品质量总体在上升。

出于与本章理论推导一致的考虑,本章使用相对单位价值代理产品质量。使用相对单位价值法的理由是,首先,产品质量已包含产品成本信息,制造高质量产品需要使用高质量的中间投入品、高技术的工人和先进的生产设备;Hallak 等(2009)的研究也表明,支付更高工资给工人和更密集使用资本的出口商生产的产品,其质量更高并能获得更高的价格。其次,品质越高带给消费者的效用就越高,消费者愿意支付的保留价格就越高,因此当质量提高时,生产商可以定更高的价格而不用担心市场流失。最后,相对单位价值法能更直观地观察出口商的竞争方式。对出口产品相对单位价值的具体构造,本章借鉴 Manova 等(2012)的方法,先用企业某产品的出口额除以出口数量并取自然对数,计算该产品的出口单价 $\ln \text{Price}_{fi}$,其中下标 f 表示企业,下标 i 表示 HS8 位码产品种类。再求 $\ln \text{Price}_{fi}$ 在所有企业中的平均数,得出该产品的平均单价 $\overline{\ln \text{Price}_i}$,那么($\ln \text{Price}_{fi} - \overline{\ln \text{Price}_i}$)便是企业 f 产品 i 的相对单位价值,相对单位价值不具有单位,不同产品间的相对单位价值具有可比性。例如,拖鞋取自然对数后的出口平均价格为 2.3,对应的原始售价为 10 元,A 企业出口的拖鞋售价为 12 元,取自然对数后为 2.48,那么 A 企业拖鞋的相对单位价值为 0.18,B 企业出口的拖鞋售价为 8 元,取自然对数后为 2.08,那么 B 企业拖鞋的相对单位价值为 −0.22;电子手表取自然对数后的出口平均价格为 3.91,对应的原始售价为 50 元,C 企业出口的电子手表售价为 60 元,取自然对数后为 4.09,那么 C 企业电子手表的相对单位价值为 0.18,D 企业出口的电子手表售价为 40 元,取自然对数后为 3.69,那么 D 企业电子手表的相对单位价值为 −0.22。可见,相对单位价值测量的是出口产品与该类产品平均出口价格的相对差距,并不受出口产品绝对价格的影响,电子手表和拖鞋的原始售价不一样,但它们的相对单位价值是具有可比性的。再对企业所有出口产品的相对单位价值按销量进行加权平均,便能得到企业出口的平均相对单位价值,即企业出口产品的平均质量。

2. 出口产品多元化

本章从三个维度测量企业出口产品多元化,一是企业出口产品种类数 Prod(取对数 ln Prod),Prod 越大企业出口越具有多元化的特征;二是企业核心产品地位 ROC,ROC= r_{f1}/r_{f2} ,其中 r_{f1}、r_{f2} 分别表示企业出口销量第一名和第二名产品的出口销量,ROC 越小企业出口越具有多元化的特征;三是测量企业出口产品内部的集中程度。本章构造产品集中度指数 PCR:

$$PCR = \frac{1}{N} \sum_{i=1}^{N} \left| \frac{r_{fi}}{r_f} - \frac{1}{N} \right|$$

在公式中使用绝对值符号而不是平方,原因在于在加权中我们对销量更大或更小的产品都赋予一样的权重,而不是更大的权重。其中,N 为企业出口产品的种类数,r_{fi} 为企业出口的第 i 种产品的出口销量,r_f 为企业的总出口量。PCR≥0,当企业每种产品的出口量均相等时,PCR 等于零,否则大于零。企业出口产品的销量分布越均衡,PCR 越小,企业出口越具有多元化特征。

三、出口多元化的典型事实

本章统计了 2000—2006 年多产品企业数占总体样本的比例,2000 年为 70.87%,随后逐年上升,如图 5.1 所示,2006 年达到了 75.66%。可见,多产品出口主导了中国的出口贸易。本章进一步统计了多产品企业出口量占总体样本出口量的比例,2000 年为 92.22%,随后基本呈上升的趋势,2006 年达到了 94.39%。这两个比例的上升反映了中国出口产品具有多元化的事实。由于本章关注的是多产品企业的出口行为,以下分析中的企业均指多产品企业,统计的数据为多产品企业数据。

从表 5.1 可以看出,总样本、国有企业、外资企业、私营企业、加工贸易企业和一般贸易企业的相对单位价值 $\ln \text{Price}_f$ 均值分别为 0.254、0.184、0.326、0.160、0.293、0.223,可见总体上外资企业比国有企业和私营企业的产品质量更高,加工贸易企业比一般贸易企业的产品质量更高。图 5.2 展现了不同类型企业的 $\ln \text{Price}_f$ 均值的变化趋势。从总体样本看,相对单位价值不断提升,这表明在出口结构中高价格的产品销量占总销量的比例不断上升,出口产品的平均质量在上升。其中加工贸易企业比一般贸易企业上升得快,国有企业和外资企业比私营企业上升得快。私营企业产品质量在 2001—2002 年甚至出现下降,其原因可能是2001 年中国加入世界贸易组织,由于出口门槛降低了,私营企业大量低质量产品涌入出口市场,导致平均质量下降。但在 2004—2005 年私营企业产品质量出现了快速上升趋势。本土企业与外资企业的产品质量差距有轻微扩大的趋势。

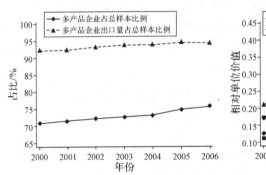

图 5.1　多产品企业样本占比情况　　图 5.2　相对单位价值

表 5.1　相对单位价值统计

年度	总样本	国有企业	外资企业	私营企业	加工贸易企业	一般贸易企业
2000	0.174	0.128	0.210	0.113	0.173	0.174
2001	0.221	0.154	0.268	0.112	0.241	0.194

续 表

年度	总样本	国有企业	外资企业	私营企业	加工贸易企业	一般贸易企业
2002	0.229	0.159	0.277	0.104	0.257	0.199
2003	0.235	0.164	0.295	0.117	0.272	0.201
2004	0.250	0.183	0.333	0.133	0.298	0.213
2005	0.288	0.231	0.383	0.190	0.351	0.248
2006	0.290	0.257	0.403	0.181	0.376	0.243
合计	0.254	0.184	0.326	0.160	0.293	0.223

在多产品企业内部,出口产品种类 Prod 是否有上升的趋势?从表5.2可以看出,总样本企业 2000 年的平均出口产品为 12.18 个,随后逐年上升,2006 年达到 17.34 个,平均每年每个企业增加 0.74 个产品。从分类样本看,国有企业、外资企业、私营企业、加工贸易企业和一般贸易企业的 Prod 均值分别为 31.43、7.52、21.08、15.25、14.96。可以看出,国有企业比私营企业的出口产品多,本土企业比外资企业的出口产品多,加工贸易企业比一般贸易企业的出口产品多。从图 5.3 和图 5.4 可以看出,一般贸易企业和私营企业的产品种类增长得更快。2000—2006年,一般贸易企业平均每年增加 1.01 个产品,私营企业平均每年增加1.96 个产品,其中 2001—2002 年增长最快,由 11.46 个增长到 20.6 个,几乎翻了一倍。可以看出,2001 年中国加入世界贸易组织后,私营企业的出口产品种类快速增长,国有企业和外资企业的出口产品增长则非常缓慢。总样本出口产品种类的增加主要由私营企业出口种类大幅增加所致。总体上看,中国企业出口产品数量有明显的多元化趋势。

表 5.2 出口产品种类统计 单位:个

年度	总样本	国有企业	外资企业	私营企业	加工贸易企业	一般贸易企业
2000	12.18	32.58	6.74	10.02	13.25	10.60
2001	12.69	31.74	6.81	11.46	13.68	11.37
2002	13.61	30.60	6.92	20.60	14.29	12.83
2003	14.12	31.34	7.26	20.10	15.10	13.22

续　表

年度	总样本	国有企业	外资企业	私营企业	加工贸易企业	一般贸易企业
2004	14.57	31.03	7.55	19.82	15.34	14.00
2005	16.50	31.69	7.97	22.72	16.72	16.36
2006	17.34	31.44	8.42	23.75	16.70	17.68
合计	15.09	31.43	7.52	21.08	15.25	14.96

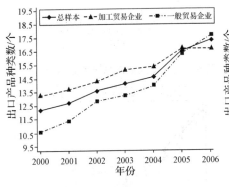

图 5.3　出口产品种类数

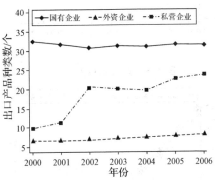

图 5.4　分类企业出口产品种类数

从表 5.3 和图 5.5、图 5.6 展示的企业出口集中度指数 PCR 看,总体样本集中度 2000—2001 年有所上升,之后的年份均呈下降趋势,平均每年以 1.2% 的速度下降。由此可见,企业的出口销量有更均匀地分布在不同产品的趋势,从产品销售结构上企业出口也具有多元化的趋势。从分类样本看,一般贸易企业比加工贸易企业的出口结构更集中,外资企业比本土企业更集中。从变化趋势看,私营企业的集中度下降得最快,平均每年以 2.5% 的速度下降,其中 2001—2002 年以 10% 左右的速度快速下降,这是否与 2001—2002 年私营企业的出口产品快速增加有关? 同样,一般贸易企业和外资企业的集中度更高是否与它们的出口产品更少有关? 为此本章分不同出口产品种类对集中度进行了统计,图 5.7、图 5.8 展示了出口产品种类在 2~11 的企业样本的出口集中度,统计样本占总体样本的比例为 76.9%。从图中可以看出,不管是总体样本还是分类样本,集中度都随着出口产品种类的增加而较为匀速地下降。从表 5.4 可以看出,在总体样本中,当产品种类为 2 时,集中度为 0.340,当产品种类为 11 时,集中度为 0.110,每增加一种产品集中度平均下降

10.7%。由此可见,随着企业出口产品种类的增加,企业的出口结构越趋于均衡。

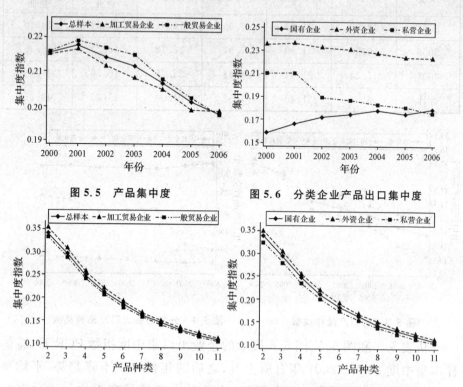

图 5.5　产品集中度　　　　图 5.6　分类企业产品出口集中度

图 5.7　不同产品种类集中度　　图 5.8　不同产品种类分类企业集中度

表 5.3　出口集中度统计

年度	总样本	国有企业	外资企业	私营企业	加工贸易企业	一般贸易企业
2000	0.216	0.159	0.235	0.210	0.215	0.216
2001	0.218	0.166	0.236	0.210	0.217	0.219
2002	0.214	0.172	0.232	0.189	0.212	0.217
2003	0.212	0.175	0.231	0.187	0.208	0.215
2004	0.207	0.178	0.227	0.183	0.205	0.208
2005	0.201	0.175	0.224	0.181	0.199	0.203
2006	0.198	0.179	0.224	0.176	0.199	0.198
合计	0.207	0.173	0.229	0.183	0.207	0.207

表 5.4　按出口产品种类分类的出口集中度统计

产品种类	总样本	国有企业	外资企业	私营企业	加工贸易企业	一般贸易企业
2	0.340	0.339	0.349	0.324	0.352	0.333
3	0.297	0.295	0.305	0.281	0.308	0.289
4	0.249	0.249	0.255	0.237	0.258	0.243
5	0.213	0.211	0.219	0.202	0.221	0.207
6	0.186	0.183	0.190	0.176	0.192	0.180
7	0.163	0.162	0.168	0.155	0.169	0.159
8	0.146	0.143	0.150	0.139	0.151	0.142
9	0.131	0.131	0.135	0.124	0.136	0.127
10	0.119	0.118	0.123	0.113	0.123	0.116
11	0.110	0.109	0.113	0.104	0.113	0.107

随着出口产品的增加,企业出口产品间的销量差距越来越小,一个很自然的推测是,平均而言,随着企业出口产品的增加,企业的核心产品地位 ROC 越来越不显著。为了证实这个想法,表 5.5[①] 对不同出口产品数量的企业样本的核心产品地位进行统计。从表 5.5 可以看出,随着出口产品范围的扩大,核心产品地位快速下降,这个趋势不管在总体样本上还是在分类样本上都非常明显。

表 5.5　不同出口产品种类数样本企业的核心产品地位

产品种类	核心产品地位均值:R_f					
	总样本	国有企业	外资企业	私营企业	加工贸易企业	一般贸易企业
2	4385.46	2740.93	6366.23	1043.61	8535.17	1730.83
3	762.71	634.61	1051.01	201.06	1280.51	389.02
4	389.00	1678.49	302.22	63.59	356.48	414.35

---

① 表 5.5 中,出口产品范围在 2、3、4、5、6~7、8~11、12~22、23 及以上的企业样本占总样本的比例分别为 21.93%、14.55%、10.41%、7.80%、10.65%、11.57%、11.43%、11.66%。

续 表

产品种类	核心产品地位均值：R_f					
	总样本	国有企业	外资企业	私营企业	加工贸易企业	一般贸易企业
5	199.43	297.61	255.41	38.00	349.12	74.63
6~7	79.93	56.69	112.17	22.05	116.97	47.05
8~11	31.84	22.82	42.07	15.37	47.82	16.55
12~22	13.06	9.06	18.98	5.18	18.72	7.12
≥23	3.84	3.07	6.87	2.76	4.94	3.00

通过对中国2000—2006年出口企业数据的统计，本章发现了以下几个典型事实：①企业出口产品范围有不断扩大的趋势，出口产品在数量上有多元化的趋势；②企业出口产品的集中度总体上有下降的趋势，企业在出口产品结构上有多元化的趋势；③有更多出口产品的企业，其出口集中度更低；④有更多出口产品的企业，其核心产品的地位更低；⑤与本土企业相比，外资企业有更少的出口产品、更高的集中度和更高的相对单位价值。出口产品数量的增加是否会降低企业出口的相对单位价值？⑥在图5.4中，外资企业与国有企业出口产品数量的差距在2000—2006年几乎没变，在图5.2中，外资企业与国有企业的相对单位价值差距在不断扩大，是否因为外资企业出口产品数量少而有利于产品质量升级？下文通过进一步的回归分析回答这些问题。

第四节 计量模型

一、模型设定

上文通过对数据的简单统计，提炼了中国多产品企业出口多元化的典型事实。这节通过数据回归对企业出口多元化行为进行更深入的分析。本章的基本计量模型设定如下：

$$\ln \text{Price}_f = \alpha + X\beta + Z\eta + \delta_r + \delta_y + \delta_f + \varepsilon_{fy}$$

式中，$\ln \text{Price}_f$ 为企业出口的平均相对单位价值，代理企业出口产品质量。X 为重点关注的解释变量集，包括企业的出口产品数量 $\ln \text{Prod}$、核心产品地位 ln ROC、出口产品集中度 ln PCR,这三个变量均用于刻画企业出口多元化。ln Prod 越大多元化程度越高,ln ROC、ln PCR 越小多元化程度越高。Z 为控制变量集,其中包括企业的能力、规模、加工贸易出口占总出口的比例 Process,以及是否使用进口中间品虚拟变量 d_imp。d_imp 等于 1 表示使用进口中间品,等于 0 表示不使用。Melitz(2003)认为企业的生产率越高,其产品的边际成本就越低,产品在市场上越有竞争力,越能克服冰山成本出口到更远的目的地,于是有越多的出口市场,即生产率越高的企业往往有更多的出口目的地,这个结论很容易推广到多产品企业。企业的生产率是企业生产能力的重要方面,即能力强的企业往往有更多的出口目的地,同时能力强的企业其产品质量往往也更高。本章使用企业出口目的地数量 ln Dest 代理企业的能力,控制企业能力异质性对出口产品质量的影响。规模大的企业更有能力投入研发,生产出高质量的产品,本章使用企业的出口量 ln Export 代理企业规模,控制企业规模异质性对产品质量的影响。施炳展(2013)、张杰等(2014)研究发现,加工贸易企业的产品质量明显比一般贸易企业的高,图 5.2 也表明加工贸易企业的相对单位价值明显比一般贸易企业的高。本章使用加工贸易企业出口占总企业出口的比例来控制贸易方式差异对产品质量的影响。普遍认为,进口中间品的价格和质量一般比国内中间品的高,Manova 等(2012)通过对中国出口企业的研究发现,进口中间品的价格越高,企业出口产品的质量就越高。本章通过是否使用进口中间品虚拟变量来控制投入成本异质性对产品质量的影响。企业的相对单位价值、产品数量、核心产品地位、产品集中度、企业出口量、企业出口目的地数量均使用对数形式。α、δ_r、δ_y、δ_f、ε_{fy} 分别为常数项、省份固定效应、年份固定效应、企业固定效应和随机干扰项。表 5.6、表 5.7 分别是关键变量的统计性描述和分类样本均值统计。

表 5.6　关键变量统计性描述

变量	ln Price$_f$	ln Prod	ln PCR	ln ROC	ln Export	log Dest
均值	0.25	1.82	−1.92	1.69	13.45	1.45
标准差	0.96	1.07	0.99	1.73	2.00	1.13
最小值	−9.31	0.69	−17.33	0	1.10	0

续　表

变量	ln Price$_f$	ln Prod	ln PCR	ln ROC	ln Export	log Dest
最大值	13.10	8.08	−0.69	18.58	23.62	5.14
观测值个数	504562	504562	504562	504562	504562	504562

表 5.7　关键变量分类样本均值统计

变量	ln Price$_f$	ln Prod	ln PCR	ln ROC	ln Export	ln Dest
国有企业	0.18	2.23	−2.27	1.49	13.91	1.91
外资企业	0.33	1.61	−1.71	1.88	13.59	1.27
私营企业	0.16	2.00	−2.14	1.44	12.99	1.55
加工贸易企业	0.29	1.86	−1.9	1.78	14.08	1.41
一般贸易企业	0.22	1.79	−1.93	1.61	12.94	1.48

二、回归结果

　　企业出口产品最优数量和最优质量均由利润最大化决定。随着企业出口质量的提高,企业的利润可能会增加,利润增加又反过来会影响企业对产品数量的选择,于是企业产品质量与产品数量便存在内生性。Melitz(2003)认为,进入出口市场的产品是在国内市场销售中边际成本较低的一部分,这个结论很容易推广到多产品企业。注重国内市场的贸易理论认为,企业所在的本土市场规模越大,在本土市场的预期收益就越高,企业用于研发的投入就越大,产品差异化程度就越高,进入出口市场的产品就越多,即国内市场规模增加能够促进出口产品多元化(Helpman et al.,1985)。企业在本土市场销售,首先会优先开发本地市场,之后再走向全国。本章使用企业所在省份的 GDP 作为企业出口产品数量的工具变量,通过 Kleibergen-Paap 检验,拒绝了工具变量与原解释变量不相关的假设;通过 Cragg-Donald 检验,显示不存在弱工具变量问题。综合来看,这是个合理的工具变量。Hausman 检验用于检验模型是否存在内生性,当 P 值小于 0.1 时,表明在小于 10% 显著性水平上拒绝所有解释变量均外生的假设。表 5.8 是对总体样本回归的结果,方程(5)是使用工具变量的两阶段最小二乘法回归结果,从 P 值可以看出模型确实存在内生性。回归方程(1)~(4)中 ln Export 的系数均为正,在方程(5)控制了内生性后系数变为 0.413,这表明企业规模每增加 1%,企业出口产品质量会提高 0.413%,原来的模型低估了企业规模对产品质量的影响。在回归方程(1)~(4)中 ln Dest 的系数均为负,但在方程(5)控制了内生性后,系数变为 0.357,这表明企业的能力每提高 1%,企业的产品质量会提高 0.357%。这验证了理论假说 5.1。在回归方程(2)~(5)中 ln Prod 的系数均为负,但在控制了内生性后,系数的绝对值增大到 2.279,这表明在控制了企业的能力后,出口产品数量每增加 1%,企业产品质量会下降 2.279%。这验证了理论假说 5.2,也证实了第三节典型事实分析中提出的推测:有更多产品的企业,其产品质量较低,较少出口产品种类有利于产品质量升级。在回归方程(4)中 ln ROC 的系数为负,但在方程(5)控制了内生性后,系数变为 0.033,这表明在控制了企业的能力和出口产品数量后,企业的核心产品地位每提高 1%,产品质量会提高 0.033%,这验证了理论假说 5.3。方程(4)中 ln PCR 的回归系数并不显著,方程(3)中 ln PCR 的回归系数为 -0.004,但在方程(5)控制了内生性后系数变为 -1.089,这表明企业的产品集中度每提高 1%,产品质量会下降 1.089%。ln PCR 的系数为负,表明企业的出口量主要集中在价格分布的末端,以致于产品集中度提高平均价格会下降,这也间接表明我国出口企业依然以低价格大量倾销低质量产品为主。

表 5.8　总体样本出口多元化对产品质量的影响

解释变量	被解释变量:ln Price$_f$				
	FE 模型(1)	FE 模型(2)	FE 模型(3)	FE 模型(4)	2SLS 模型(5)
ln ROC				-0.006***	0.033***
				(-6.29)	(4.81)
ln PCR			-0.004*	0.004	-1.089***
			(-1.67)	(1.49)	(-6.12)
ln Prod		-0.036***	-0.039***	-0.038***	-2.279***
		(-13.05)	(-12.28)	(-11.94)	(-6.27)

续 表

解释变量	被解释变量：ln Price_f				
	FE 模型(1)	FE 模型(2)	FE 模型(3)	FE 模型(4)	2SLS 模型(5)
ln Dest	-0.059***	-0.049***	-0.049***	-0.049***	0.357***
	(-22.93)	(-18.87)	(-18.89)	(-18.82)	(5.41)
ln Exprot	0.041***	0.048***	0.049***	0.05***	0.413***
	(23.93)	(25.49)	(25.61)	(26.11)	(7.00)
Process	-0.014	-0.022**	-0.022**	-0.021**	-0.327***
	(-1.44)	(-2.23)	(-2.22)	(-2.12)	(-6.25)
d_imp	-0.005	-0.002	-0.002	-0.002	0.105***
	(-1.59)	(-0.71)	(-0.72)	(-0.75)	(5.69)
企业效应	Yes	Yes	Yes	Yes	Yes
地区效应	Yes	Yes	Yes	Yes	Yes
年份效应	Yes	Yes	Yes	Yes	Yes
Hausman 检验 P 值					0
R^2	0.008	0.009	0.009	0.009	
观测值个数	504562	504562	504562	504562	442926

注：括号内为稳健性 t 值或 z 值；*，**，*** 分别表明显著性水平为 0.1,0.05,0.01。

在典型事实分析中，本章发现外资企业和本土企业、加工贸易企业和一般贸易企业的多元化事实存在明显的差异。为了检验不同的所有制企业和不同贸易方式的企业是否在多元化影响产品质量上有所不同，表 5.9 和表 5.10 分别使用 FE 模型和 2SLS 模型对分类样本进行回归。从表 5.10 的 Hausman 检验 P 值结果看，只有国有企业样本的回归模型不存在内生性，其他模型均存在内生性，故在解释国有企业样本回归结果时本章选择表 5.9 中的方程(1)，其他类型企业样本选取表 5.10 中的方程(2)~(5)。从结果可以看出，在每类企业中，能力 ln Dest 对产品质量均有显著的影响，但对外资企业的影响最大，能力每提高 1%，产品质量会提高 0.314%。其余的影响由大到小依次为一般贸易企业、私营企业、加工贸易企业和国有企业，对国有企业的影响是负的，其中的原因尚不清楚。出口产品数量 ln Prod 对产品质量的影响对所有类型的企业都存在显著的影响,其中对外资企业的影响最大,产品数量每增加1%,产品质量会下降2.785%,其余的影响由大到小依次为一般贸易企业、加工贸易企业、私营企业和国有企业。可见,通过减少出口产品来促进产品质量升级的效应在外资企业中最明显,这可能与外资企业本身出口产品较少有关。出口产品少,每个产品占有的资源就会多,当企业减少1个产品时释放出来的资源就会多,这有利于企业投入研发以促进产品质量升级,这也间接表明出口更少产品的企业更有利于产品质量升级。在一般贸易企业、加工贸易企业、私营企业和国有企业中,核心产品地位 ln ROC 对产品质量均有显著的影响,其中影响最大的为私营企业,核心产品地位每增加1%,产品质量提升0.036%,其余的影响由大到小依次为一般贸易企业、加工贸易企业和国有企业,国有企业的影响是负的,原因尚不清楚。核心产品地位提高对产品质量的影响在私营企业中最大,可能的原因是私营企业的平均产品质量最低,但其核心产品质量与平均产品质量的差距往往比其他类型的企业高,以致核心产品地位提高时,对平均产品质量影响更大。在每类企业中,产品集中度 ln PCR 对产品质量均有显著的影响,对外资企业的负向影响最大,产品集中度每提高1%,产品质量会下降1.099%。其余的影响由大到小依次为私营企业、加工贸易企业、一般贸易企业和国有企业,其中对国有企业的影响是正的。

表 5.9　分类样本出口多元化对产品质量的影响(FE 模型)

解释变量	被解释变量: ln Price$_f$				
	国有企业(1)	外资企业(2)	私营企业(3)	加工贸易企业(4)	一般贸易企业(5)
ln ROC	-0.007^{**}	-0.005^{***}	-0.009^{***}	-0.004^{***}	-0.008^{***}
	(−2.13)	(−3.96)	(−4.32)	(−2.71)	(−5.17)
ln PCR	0.016^{**}	−0.003	0.009^{*}	0.002	0.006^{*}
	(2.12)	(−0.80)	(1.78)	(0.41)	(1.74)
ln Prod	-0.015^{*}	-0.038^{***}	-0.042^{***}	-0.035^{***}	-0.043^{***}
	(−1.73)	(−9.17)	(−7.02)	(−7.46)	(−9.78)
ln Dest	-0.075^{***}	-0.046^{***}	-0.032^{***}	-0.04^{***}	-0.048^{***}
	(−9.43)	(−14.02)	(−6.45)	(−10.95)	(−12.22)

续　表

解释变量	被解释变量：ln Price_f				
	国有企业(1)	外资企业(2)	私营企业(3)	加工贸易企业(4)	一般贸易企业(5)
ln Exprot	0.046***	0.056***	0.037***	0.062***	0.042***
	(8.53)	(22.79)	(10.47)	(21.81)	(15.24)
Process	0.088***	−0.054***	0.042*	−0.005	
	(3.16)	(−4.61)	(1.65)	(−0.45)	
d_imp	0.009	−0.007	0.001	−0.021***	0.011***
	(1.07)	(−1.52)	(0.21)	(−2.63)	(2.86)
企业效应	Yes	Yes	Yes	Yes	Yes
地区效应	Yes	Yes	Yes	Yes	Yes
年份效应	Yes	Yes	Yes	Yes	Yes
R^2	0.009	0.012	0.007	0.014	0.007
观测值个数	69801	276196	158565	223694	280868

注：括号内为稳健性 t 值；*，**，*** 分别表明显著性水平为 0.1,0.05,0.01。

表 5.10　分类样本出口多元化对产品质量的影响(2SLS 模型)

解释变量	被解释变量：ln Price_f				
	国有企业(1)	外资企业(2)	私营企业(3)	加工贸易企业(4)	一般贸易企业(5)
ln ROC	0.003	−0.004	0.036***	0.015***	0.021***
	(0.2)	(−1.06)	(3.84)	(3.73)	(2.98)
ln PCR	−0.130	−1.099***	−0.689***	−0.681***	−0.645***
	(−0.63)	(−4.46)	(−5.09)	(−5.81)	(−4.38)
ln Prod	−0.254	−2.785***	−1.346***	−1.422***	−1.444***
	(−0.75)	(−4.53)	(−5.35)	(−6.03)	(−4.58)
ln Dest	−0.02	0.314***	0.245***	0.111***	0.289***
	(−0.26)	(3.89)	(4.55)	(4.26)	(3.81)
ln Exprot	0.081	0.473***	0.267***	0.287***	0.261***
	(1.64)	(5.06)	(6.00)	(7.47)	(5.27)

续　表

解释变量	被解释变量：ln Price$_f$				
	国有企业(1)	外资企业(2)	私营企业(3)	加工贸易企业(4)	一般贸易企业(5)
Process	−0.072*	−0.440***	−0.084**	−0.257***	
	(1.95)	(−4.95)	(−1.98)	(−5.67)	
d_imp	0.017	0.141***	0.042***	0.054***	0.057***
	(1.19)	(4.06)	(3.98)	(3.15)	(4.86)
企业效应	Yes	Yes	Yes	Yes	Yes
地区效应	Yes	Yes	Yes	Yes	Yes
年份效应	Yes	Yes	Yes	Yes	Yes
Hausman 检验 P 值	0.358	0	0	0	0
Cragg-Donald 统计量	35.58	46.30	79.77	144.55	60.27
观测值个数	65983	258287	118255	202091	224698

注：括号内为稳健性 z 值；*，**，*** 分别表明显著性水平为 0.1，0.05，0.01。

　　在企业能力、规模与成本加成既定的情况下，企业的产品越多，产品的平均研发费用就越低，出口产品之间的差异化就越小，产品质量的差距就越小，核心产品的地位往往就越低。表 5.11 和表 5.12 分别采用 FE 模型和 2SLS 模型对出口产品数量与核心产品地位的关系进行回归。表 5.12 的 Hausman 检验 P 值结果表明，只有一般贸易企业样本的回归模型存在内生性，其余模型均不存在内生性，所以本章选择表 5.11 中方程(1)～(5)和表 5.12 中方程(6)的结果进行分析。在总样本中，ln Prod 的回归系数为−0.728，这表明在控制了企业的规模和能力后，出口产品数量每增加 1%，会导致核心产品地位下降 0.728%，理论假说 5.4 得到了验证。对国有企业、私营企业、外资企业和加工贸易企业而言，出口产品数量对核心产品地位均有显著的负向影响，其中影响最大的为外资企业。

表 5.11　出口产品范围对核心产品地位的影响(FE 模型)

解释变量	被解释变量:ln ROC					
	总样本(1)	国有企业(2)	外资企业(3)	私营企业(4)	加工贸易企业(5)	一般贸易企业(6)
ln Prod	−0.728***	−0.585***	−0.87***	−0.605***	−0.737***	−0.708***
	(−113.85)	(−42.49)	(−90.43)	(−57.99)	(−69.41)	(−84.33)
ln Dest	0.01*	−0.035**	−0.003	0.001	−0.02**	0.014*
	(1.8)	(−2.43)	(−0.33)	(0.12)	(−2.34)	(1.73)
ln Exprot	0.242***	0.239***	0.244***	0.234***	0.228***	0.252***
	(69.09)	(28.01)	(51.23)	(38.03)	(40.42)	(52.57)
Process	0.187***	0.135***	0.204***	0.123***	0.312***	
	(9.21)	(2.73)	(8.22)	(2.59)	(12.48)	
d_imp	−0.021***	−0.021	−0.036***	−0.012	−0.059***	−0.003
	(−2.81)	(−1.23)	(−2.98)	(−0.99)	(−3.15)	(−0.35)
企业效应	Yes	Yes	Yes	Yes	Yes	Yes
地区效应	Yes	Yes	Yes	Yes	Yes	Yes
年份效应	Yes	Yes	Yes	Yes	Yes	Yes
R^2	0.072	0.074	0.077	0.072	0.068	0.074
观测值个数	504562	69801	276196	158565	223694	280868

注:括号内为稳健性 t 值;*,**,*** 分别表明显著性水平为 0.1,0.05,0.01。

表 5.12　出口产品范围对核心产品地位的影响(2SLS 模型)

解释变量	被解释变量:ln ROC					
	总样本(1)	国有企业(2)	外资企业(3)	民营企业(4)	加工贸易企业(5)	一般贸易企业(6)
ln Prod	−0.551**	−0.248	−1.152**	−0.316	−0.909***	−0.025
	(−2.07)	(−0.76)	(−2.49)	(−1.53)	(−3.94)	(−0.08)
ln Dest	−0.04	−0.18	0.047	−0.105*	0.009	−0.239**
	(−0.53)	(−1.27)	(0.58)	(−1.37)	(0.23)	(−2.05)
ln Exprot	0.207***	0.171***	0.291***	0.17***	0.263***	0.13**
	(3.99)	(2.61)	(3.77)	(3.68)	(5.56)	(2.34)

解释变量	被解释变量:ln ROC					
	总样本(1)	国有企业(2)	外资企业(3)	民营企业(4)	加工贸易企业(5)	一般贸易企业(6)
Process	0.226***	0.195**	0.147	0.177***	0.261***	
	(3.62)	(2.52)	(1.53)	(2.83)	(3.56)	
d_imp	−0.035	−0.044	−0.013	−0.028*	−0.043	−0.04**
	(−1.59)	(−1.55)	(−0.35)	(−1.7)	(−1.56)	(−2.06)
企业效应	Yes	Yes	Yes	Yes	Yes	Yes
地区效应	Yes	Yes	Yes	Yes	Yes	Yes
年份效应	Yes	Yes	Yes	Yes	Yes	Yes
Hausman 检验 P 值	0.397	0.217	0.428	0.108	0.320	0.008
Cragg-Donald 统计量	180.06	74.56	82.19	173.34	299.66	110.72
观测值个数	442926	65983	258287	118255	202091	224698

注:括号内为稳健性 z 值;*,**,*** 分别表明显著性水平为 0.1,0.05,0.01。

三、回归结果分析

通过逐渐添加变量和控制内生性,ln Prod 的回归系数依然显著且符号不变,这表明本章得到的 ln Prod 回归结果是稳健的,出口产品数量的多元化确实降低了产品质量,这种影响在外资企业最为明显。核心产品地位下降也是出口多元化的表现,本章发现,在控制了出口产品数量和内生性后,核心产品地位下降也导致产品质量的下降,这种影响在私营企业最为明显。基于回归结果,本章发现,出口产品范围扩大至少从两个渠道降低了产品质量:一是直接降低产品的专业化水平,进而影响质量和价格,这种影响是在控制核心产品地位下得到的;二是通过降低核心产品地位,进而影响产品的平均质量。渠道二是通过改变出口产品结构实现的。在回归中,本章进一步发现,出口产品结构走向集中会降低企业的产品质量,这表明我国企业的出口销量还大量集中在低价低质的产品上。从回归结果可以看出,出口产品多元化对产品质量的影响是复杂的,其中出口产品数量的多元化和核心产品地位的下降降低了产品的平均质量,但出口产品结构的多元化有提升产品质量的趋势。但是值得注意的是,这些结论是基于企业内的,不能延伸到行业层面。在行业层面,出口产品多元化是否会降低产品质量还有待研究的。

第五节　金融发展与出口产品质量

目前研究融资约束对出口产品质量影响的文献很少。Fan 等 (2012)在 Arkolakis(2010)异质性企业出口模型基础上引入融资约束因素,构建了在生产率和融资约束异质性下企业出口产品的最优价格、质量和广告投入的决定模型,发现在质量内生假设下,融资约束使企业选择了更低质量的产品。这是融资约束的质量调整效应,当质量调整效应支配价格分布时,融资约束降低了产品的价格。同时 Fan 等 (2012)对中国出口企业数据进行检验发现,融资约束确实降低了产品的质量。第四章分析指出,金融发展对企业出口产品质量同时存在产品质量升级效应和扩展边际效应。金融发展对出口产品质量的最终影响要看质量升级效应和扩展边际效应哪一种更大。当质量升级效应更大时,金融发展会提升产品质量;当扩展边际效应更大时,金融发展并未对提高产品质量起到促进作用。

第四章的回归分析发现金融发展确实促进了企业出口更多产品,而本章第四节的回归分析发现企业出口产品数量多元化会降低产品质量。本节进一步验证金融发展对企业出口产品质量的影响,本节使用的数据与本章第四节一样。自 Goldsmith(1969)提出金融相关率指标后,该指标被广泛用作地区金融发展的代理变量,在实证分析中用地区金融机构的存贷款总额与地区名义 GDP 的比值测量。本节考虑信贷市场发展与缓解企业融资约束更直接相关,使用地区金融机构贷款总额与名义 GDP 的比值 FD 作为金融发展的代理变量。本节同样使用相对单位价值 $\ln Price_f$ 代理产品的质量作为被解释变量,其他控制变量包括企业出口产品数量 $\ln Prod$、出口目的地数量 $\ln Dest$、出口额 $\ln Export$、企业加工贸易占全部出口的比重 $Process$、是否使用进口中间品虚拟变量 d_imp。

企业的出口行为可能会影响地区经济发展,例如出口企业产品质量升级可能会带动非出口企业产品质量升级,从而提升地区经济的竞争力,地区工业经济的发展又进一步带动金融业的发展,于是出口产品质量便与地区金融发展存在内生性。鉴于企业出口产品质量对地区金融发展与企业出口总量和出口广度对地区金融发展有类似的影响机制,本章使用第四章第四节的工具变量来处理内生性,即用企业所在省份城乡居民储蓄总额与名义 GDP 的比值,并使用滞后两年的数据作为贷款与 GDP 比值的工具变量。通过 Kleibergen-Paap 检验拒绝了工具变量和原解释变量不相关的假设;通过 Cragg-Donald 检验,发现不存在弱工具变量问题。综合来看这依然是个合理的工具变量。

　　表 5.9 和表 5.10 分别是采用 FE 模型和 2SLS 模型的回归结果。表 5.10 的 Hausman 检验 P 值表明,只有国有企业样本的回归模型不存在内生性,其余模型均存在内生性,所以本节选择表 5.13 中方程(2)和(6)以及表 5.14 中方程(1)(3)(4)(5)的结果进行分析。表 5.14 方程(1)中金融发展 FD 的回归系数为 -0.221,这表明总体上贷款与名义 GDP 的比值每增加 1,会让出口企业的产品质量下降 0.221%。从中可以看出,金融发展对企业出口的扩展边际效应远大于质量升级效应,这表明在信贷市场发展壮大提高了企业融资便利性、缓解了企业融资约束后,企业更倾向于使用资金去增加出口产品数量,而不是增加研发提高产品质量。这可能也是张杰等(2014)、李坤望等(2014)所认为的我国出口产品质量没能得到提升的原因。从分类样本看,在外资企业、加工贸易企业和一般贸易企业中,金融发展对企业产品质量均有显著的负向影响,其中对外资企业的负向影响最大。

表 5.13　地区金融发展对产品质量的影响(FE 模型)

解释变量	被解释变量：$\ln \text{Price}_f$					
	总样本(1)	国有企业(2)	外资企业(3)	私营企业(4)	加工贸易企业(5)	一般贸易企业(6)
FD	-0.092^{***}	-0.01	-0.101^{***}	-0.160^{***}	-0.096^{***}	-0.074^{***}
	(-7.24)	(-0.3)	(-6.53)	(-5.04)	(-5.52)	(-3.59)
$\ln \text{Prod}$	-0.035^{***}	-0.024^{***}	-0.031^{***}	-0.043^{***}	-0.033^{***}	-0.041^{***}
	(-12.89)	(-3.32)	(-8.32)	(-8.75)	(-7.65)	(-11.2)

续　表

解释变量	被解释变量：ln Price$_f$					
	总样本(1)	国有企业(2)	外资企业(3)	私营企业(4)	加工贸易企业(5)	一般贸易企业(6)
ln Dest	−0.049***	−0.075***	−0.046***	−0.031***	−0.04***	−0.048***
	(−18.81)	(−9.37)	(−13.99)	(−6.34)	(−10.95)	(−12.18)
ln Exprot	0.048***	0.046***	0.055***	0.035***	0.061***	0.04***
	(25.56)	(8.34)	(22.38)	(10.18)	(21.6)	(14.74)
Process	−0.022**	0.088***	−0.055***	0.042*	−0.007	
	(−2.22)	(3.15)	(−4.72)	(1.65)	(−0.66)	
d_imp	−0.002	0.009	−0.007	0.001	−0.021***	0.011***
	(−0.6)	(1.09)	(−1.43)	(0.29)	(−2.62)	(2.88)
企业效应	Yes	Yes	Yes	Yes	Yes	Yes
地区效应	Yes	Yes	Yes	Yes	Yes	Yes
年份效应	Yes	Yes	Yes	Yes	Yes	Yes
R^2	0.009	0.009	0.012	0.007	0.014	0.007
观测值个数	504562	69801	276196	158565	223694	280868

注：括号内为稳健性 t 值；*，**，*** 分别表明显著性水平为 0.1，0.05，0.01。

表 5.14　地区金融发展对产品质量的影响(2SLS 模型)

解释变量	被解释变量：ln Price$_f$					
	总样本(1)	国有企业(2)	外资企业(3)	私营企业(4)	加工贸易企业(5)	一般贸易企业(6)
FD	−0.221***	−0.134	−0.282***	1.205	−0.261**	−0.077
	(−3.2)	(−0.67)	(−3.91)	(1.26)	(−3.50)	(−0.31)
ln Prod	−0.035***	−0.024***	−0.029***	−0.043***	−0.031***	−0.041***
	(−12.61)	(−3.23)	(−7.87)	(−8.60)	(−7.28)	(−10.62)
ln Dest	−0.048***	−0.074***	−0.045***	−0.037***	−0.04***	−0.048***
	(−18.67)	(−9.30)	(−13.91)	(−5.76)	(−10.96)	(−11.69)
ln Exprot	0.049***	0.046***	0.055***	0.036***	0.061***	0.040***
	(25.62)	(8.34)	(22.51)	(10.17)	(21.69)	(14.63)

解释变量	被解释变量：ln Price$_f$					
	总样本(1)	国有企业(2)	外资企业(3)	私营企业(4)	加工贸易企业(5)	一般贸易企业(6)
Process	-0.022^{**}	0.088^{***}	-0.056^{***}	0.037	-0.009	
	(-2.2)	(3.15)	(-4.76)	(1.42)	(-0.83)	
d_imp	-0.001	0.01	-0.006	-0.002	-0.021^{***}	0.011^{***}
	(-0.45)	(1.15)	(-1.36)	(-0.27)	(-2.65)	(2.87)
企业效应	Yes	Yes	Yes	Yes	Yes	Yes
地区效应	Yes	Yes	Yes	Yes	Yes	Yes
年份效应	Yes	Yes	Yes	Yes	Yes	Yes
Hausman 检验 P 值	0.005	0.412	0	0.056	0	0.990
Cragg-Donald 统计量	13000	1265	12000	87	11000	1089
观测值个数	442926	65983	258287	118255	202091	224698

注：括号内为稳健性 z 值；*，**，*** 分别表明显著性水平为 0.1，0.05，0.01。

　　本节检验了金融发展对企业出口产品质量的影响，发现金融发展并未促进出口产品质量的提升。这表明金融发展对企业出口的扩展边际效应远大于质量升级效应，在金融发展缓解了企业融资约束后，企业更愿意使用资金去增加出口产品数量，而不是增加研发提高产品的质量。增加出口产品数量可以在短期内增加利润，但可能会让企业长期停留在低价低质的竞争阶段。企业的研发投入要较长时间才能实现盈利，且存在很大风险，但一旦成功会大幅提高产品和企业的竞争力。从回归结果也可以间接看出，我国出口企业更注重短期利润而不是长期竞争力，这可能与我国出口企业大多是规模较小的私营企业有关。进一步研究发现，金融发展对企业产品质量的负向影响在外资企业中最大，但这并不表明金融发展对产品质量升级有不利作用，而是企业在方便得到资金后选择了不同的用途所致。金融发展对私营企业和国有企业的产品质量没有显著的影响。

第六节 小结

本章使用中国海关数据库数据提炼了企业出口产品多元化的典型事实,发现:①企业的出口产品数量有多元化的趋势,每个企业每年大约增加 0.74 个产品,私营企业增长得最快,每年大约增加 1.96 个产品;②企业的出口产品结构也有多元化的趋势,并且随着出口产品数量的增长,产品的销售结构趋于均衡;③企业核心产品地位随着出口产品的增加而下降。本章对数据进一步回归发现:①企业出口产品数量的多元化降低了产品质量,这种影响在外资企业最为明显;②企业核心产品地位上升有利于提高出口产品质量,这种影响在私营企业最为明显;③企业出口产品结构走向集中会降低出口产品质量,这表明我国企业出口销量有很大比例集中在低价产品上,这种影响在外资企业最为明显;④企业出口产品数量的多元化会降低核心产品的地位,这种影响同样在对外资企业最为明显;⑤金融发展并未对产品质量提升起到促进作用。本章的研究结果大大丰富了我们对多产品企业出口产品质量的认识。

出口产品范围和出口产品质量均是企业利润最大化的结果,然而企业对短期利润和长期利润的不同偏好会导致不同的决策。当企业注重短期利益时,企业往往会出口很多产品,但质量普遍很低,在现实中的表现是,企业会根据市场的需要而生产,比如造鞋厂商会生产拖鞋、凉鞋出口到非洲,生产运动鞋出口到欧美,生产皮鞋出口到东南亚,款式、品种很多,但价格和质量均不高,这些产品不是厂商在国内市场优势产品向国际市场的自然延伸,而是专为海外客户的需求而生产,通过价格竞争的方式进入国际市场。然而随着中国制造成本的上升,这种低价低质为出口而出口的模式难以为继。当企业注重长期利润时,往往会更注重研发和产品质量,出口的产品也相对少,比如苹果公司的手机款式并不多,但苹果手机不仅受美国消费者欢迎,而且受全球消费者欢迎,它是本土市场竞争优势向海外市场的自然延伸。对应的政策建议是首先在国内要营造公平的市场竞争环境,消除不同地区的市场分割,消除不同所有制企业的差别待遇,打破各种垄断,完善市场法规,形成公平、有效、统一的国内市场,使有效率的企业在优胜劣汰中不断成长壮大,发挥自己的优势,制造出在国内有竞争力的产品,再向海外市场延伸,出口自己的优势产品。另外,在出口退税上也对高质量产品实行更优惠的退税待遇,鼓励企业增加研发投入,提升产品质量。

第六章 结论、政策含义及不足

第一节 结论

本书通过理论分析和实证检验,得出以下总体结论:融资约束确实增加了企业退出市场的风险,包括生产率较高的企业,金融发展通过缓解企业融资约束来降低高生产率企业的退出风险;融资约束阻碍了企业出口目的地广度的拓展,也降低了企业出口贸易关系的持续时间,金融发展通过缓解企业融资约束增加了企业的出口总量、出口目的地广度、出口产品广度和出口深度,但并未提升企业的出口渗透率和出口产品质量。具体而言,本书得出了以下四个方面的结论:

首先,理论分析指出,由于金融市场存在摩擦,流动性约束可能使企业因为无法顺利融入生产成本而被迫退出市场;同时,由于外部融资存在成本,因此需要企业有更高的生产率和更低的边际成本来实现盈利,融资成本迫使低生产率企业退出市场。理论分析的结论是,融资约束增加了企业退出风险。本书使用中国工业企业数据库数据分析融资约束对企业退出行为的影响,发现融资约束确实增加了企业退出市场的风险,并且随着融资约束程度的增加,企业退出风险加速提高。本书进一步发现,金融发展降低了高生产率企业的退出风险,提高了低生产率企业的退出风险,金融发展通过促使资源从低生产率企业向高生产率企业流动,减少经济中的资源误配。

其次,理论分析指出,由于金融市场摩擦,企业可能因为无法顺利筹集到出口成本而被迫退出出口贸易关系;同时,由于外部融资存在成本,提高了企业出口盈利对生产率的要求,增加了企业退出出口贸易关系的风险。本书使用中国工业企业数据库数据和中国海关数据库数据的匹配数据分析融资约束对企业出口行为的影响,发现融资约束确实增加了企业退出出口贸易关系的风险,缩短了出口贸易关系的持续时间。并且融资约束对本土企业的退出风险影响更大,从出口目的地特征看,融资约束对出口到低风险目的地和低收入目的地的出口贸易关系影响更大;本书进一步检验发现,融资约束制约了企业出口目的地扩张,即融资约束越紧的企业出口目的地越少。

再次,本书在现有多产品出口理论模型上引入融资约束因素,认为金融发展能够通过提高企业融资便利性和降低融资成本促进企业出口。本书使用中国工业企业数据库数据和中国海关数据库数据的匹配数据分析金融发展对企业出口行为的影响,发现金融发展显著提升了企业出口总量、出口目的地广度、出口产品广度和出口深度,这表明金融发展确实促进了企业出口在数量上的发展。但金融发展降低了出口渗透率,这可能的原因是企业在方便得到资金后,更倾向于增加出口产品数量而不是提升产品质量,导致企业出口产品的平均质量下降,降低了产品在国际市场上的竞争力,制约了产品对市场的渗透力。金融发展对外资企业出口行为影响最大,对国有企业影响次之,对私营企业影响最小。研究进一步发现,金融发展对金融市场化高的地区的企业出口促进作用更大。

最后,通过分析出口企业数据,发现我国企业出口产品存在明显的多元化趋势:①企业出口产品数量存在多元化的趋势,平均每个企业每年大约增加 0.74 个产品,私营企业增长得最快,每年大约增加 1.96 个产品;②企业的出口产品结构也有多元化的趋势,并且随着出口产品数量的增长,产品的销售结构趋于均衡;③企业核心产品的地位随着出口产品数量的增加而下降。对数据进一步回归发现:①企业出口产品数量多元化降低了产品质量,这种影响在外资企业最为明显;②企业核心产品地位上升有利于提高出口产品质量,这种影响在私营企业最为明显;③

企业出口产品结构走向集中会降低出口产品质量,这种影响在外资企业最为明显;④企业出口产品数量多元化会降低核心产品的地位,这种影响同样在外资企业最为明显;⑤金融发展并未有效提升企业出口产品的质量。

第二节　政策含义

我国证券市场发展相对滞后,银行信贷依然是企业外源融资的主要形式。然而大部分企业获得银行信贷也是很困难的,原因在于我国企业大部分是中小企业,缺乏有效的抵押品,难以满足银行信贷对抵押品的要求。同时,中小企业经营机制灵活,善于抓住瞬时机会,故其对资金的需求也灵活,而银行信贷审批手续繁杂,审批的时间较长,这也是企业融资约束的一方面。在普遍面临融资约束情况下,部分企业会转向民间金融获得资金,然而民间金融的融资成本一般比银行信贷高,这会增加企业的经营压力,降低企业产品在市场上的竞争力,也会制约企业出口。当企业从民间金融融资存在困难,且内源融资也不足以满足企业经营对资金的需求时,企业便会陷入流动性危机,这会制约企业规模扩大、研发投入和出口扩张,当危机严重时企业甚至会破产,退出市场。基于本书的结论,本书认为以下措施有利于缓解企业融资约束。

第一,促进股份制商业银行发展以及引进外资银行,增加银行业的竞争,提高资金配置的效率。本书发现金融发展明显增加了企业的出口量,提高了出口目的地广度、出口产品广度和出口深度,对企业出口有明显的促进作用。尽管金融发展并没有提高企业的出口渗透率和出口产品质量,但并非金融发展本身有负面影响,而是企业在方便得到资金后选择了不同的用途所致。尽管我国银行业经过十多年的渐进改革,其竞争和资金配置效率均得到了大幅提升,但银行依然是我国金融体系的基础且国有银行占据了信贷资源大部分的格局并没有改变。国有银行在资金配置时依然会受行政力量的干涉,优先考虑国有企业。需要进一步深化国有银行改革,并且通过促进股份制商业银行发展以及引进外资银行迫使国有银行在竞争中加速改革,从而使国有银行在资金配置上从偏向国有企业转向偏向效率,使非国有企业在银行信贷中得到更公平的对待。

第二,尽管我国的出口贸易在规模上取得了优秀的成绩,但产品质量并没有得到有效提升。我国出口企业大多停留在低价格、低质量阶段,通过增加出口产品数量实现出口增加,产品缺乏核心竞争优势。然而随着中国制造业成本的上升,这种低价低质为出口而出口的模式难以为继。首先应在政策上引导企业注重产品质量,例如在出口退税上对高质量产品实行更优惠的退税待遇,鼓励企业增加研发投入,提升产品质量。同时在国内营造公平的市场竞争环境,消除不同地区的市场分割,消除不同所有制企业的差别待遇,打破各种垄断,完善市场法规,形成公平、有效、统一的国内市场,使有效率的企业在优胜劣汰中不断成长壮大,发挥自己的优势,制造出在国内有竞争力的产品,再向海外市场延伸,出口自己的优势产品。

第三节　本书的不足

一方面,本书通过理论推导发现,融资约束会提高企业退出市场的风险,也会制约企业的出口扩张。进一步,本书使用中国微观企业数据对理论假说进行实证检验,实证结果有力地支持了理论假说。但本书使用的数据较为陈旧,是2007年之前的数据,如果能得到新近的数据,很值得使用最新的数据对本书的结论进行检验。另一方面,本书的理论分析指出,融资约束通过流动性约束和盈利性约束两个渠道影响企业退出和出口行为,但实证分析并未能进一步区分这两种渠道对企业行为的影响。要进一步识别融资约束通过何种渠道影响企业的行为需要更细致的检验,这是值得进一步拓展的。

参考文献

陈琳,何欢浪,罗长远.融资约束与中小企业的出口行为:广度和深度[J].财经研究,2012(10):134-144.

陈蓉,许培源.产品多样化与国际贸易收益:研究述评[J].国际贸易问题,2014(6):151-163.

陈勇兵,陈宇媚,周世民.贸易成本、企业出口动态与出口增长的二元边际[J].经济学季刊,2012a(4):1477-1502.

陈勇兵,李燕,周世民.中国企业出口持续时间及其决定因素[J].经济研究,2012b(7):48-61.

陈勇兵,钱意,张相文.中国进口持续时间及其决定因素[J].统计研究,2013(2):49-57.

程玉坤,周康.融资约束与多产品出口企业的二元边际:基于中国企业层面的分析[J].南方经济,2014(10):63-81.

丁忠明,张琛.基于DEA方法下商业银行效率的实证研究[J].管理世界,2011(3):172-173.

樊纲,王小鲁,朱恒鹏.中国市场化指数:各地区市场化相对进程2011年报告[M].北京:经济科学出版社,2011.

黄先海,周俊子.中国出口广化中的地理广化、产品广化及其结构优化[J].管理世界,2011(10):20-31.

简泽,干春晖,余典范.银行部门的市场化、信贷配置与工业重构[J].经济研究,2013(5):112-127.

蒋为,顾凌骏.融资约束、成本异质性与企业出口行为:基于中国工业企业数据的实证分析[J].国际贸易问题,2014(2):167-176.

荆逢春.金融发展、融资约束与出口:基于外资银行进入的视角[D].北京:对外经济贸易大学,2014.

孔祥贞,刘海洋,徐伟大.出口固定成本、融资约束与中国企业出口参与[J].世界经济研究,2013(4):46-53.

李春顶,尹翔硕.我国出口企业的"生产率悖论"及其解释[J].财贸经济,2009(11):84-90,111.

李春顶.中国出口企业是否存在"生产率悖论":基于中国制造业企业数据的检验[J].世界经济,2010(7):64-81.

李坤望,蒋为,宋立刚.中国出口产品品质变动之谜:基于市场进入的微观解释[J].中国社会科学,2014(3):80-103.

李坤望,王有鑫.FDI促进了中国出口产品质量升级了吗?基于动态面板系统GMM方法的研究[J].世界经济研究,2013(5):60-66.

李平,简泽,江飞涛.进入退出、竞争与中国工业部门的生产率:开放竞争作为一个效率增进过程[J].数量经济技术经济研究,2012(9):3-21.

李青原,李江冰,江春,等.金融发展与地区实体经济资本配置效率:来自省级工业行业数据的证据[J].经济学季刊,2013,12(2):527-548.

李殊琦,赵仲匡,海闻.贸易企业"用脚投票"?基于区域金融发展水平不均衡的视角[J].管理世界,2014(7):32-38.

李志远,余淼杰.生产率、信贷约束与企业出口:基于中国企业层面的分析[J].经济研究,2013(6):85-99.

刘海洋,孔祥贞,宋巧.融资约束与中国制造业企业出口:基于Heckman样本选择模型的经验检验[J].世界经济研究,2013(1):29-34.

刘文栋.FDI、金融发展与中国出口竞争力研究[D].天津:南开大学,2014.

马光荣,李力行.金融契约效率、企业退出与资源误置[J].世界经济,2014(10):77-103.

毛其淋,盛斌.贸易自由化、企业异质性与出口动态:来自中国微观企业数据的证据[J].管理世界,2013b(3):48-67.

毛其淋,盛斌.中国制造业企业的进入退出与生产率动态演化[J].经济研究,2013a(4):16-29.

彭国华,夏帆.中国多产品出口企业的二元边际及核心产品研究[J].

世界经济,2013(2):42-63.

 钱学锋,王胜,陈勇兵.中国的多产品出口企业及其产品范围:事实与解释[J].管理世界,2013(1):9-27,66.

 钱学锋,熊平.中国出口增长的二元边际及其因素决定:1995-2005[J].经济研究,2010(1):65-79.

 钱学锋.企业异质性、贸易成本与中国出口增长的二元边际[J].管理世界,2008(9):48-56,66.

 施炳展,王有鑫,李坤望.中国出口产品品质测度及其决定因素[J].世界经济,2013(9):69-93.

 施炳展.企业异质性、地理距离与中国出口产品价格的空间分布[J].南方经济,2011(2):61-74.

 施炳展.中国企业出口产品质量异质性:测度与事实[J].经济学季刊,2013,13(1):263-284.

 孙灵燕,李荣林.融资约束限制中国企业出口参与吗?[J].经济学季刊,2011,11(1):231-252.

 王兵,朱宁.不良贷款约束下的中国上市商业银行效率和全要素生产率研究:基于 SBM 方向性距离函数的实证分析[J].金融研究,2011,(1):110-130.

 阳佳余.融资约束与企业出口行为:基于工业企业数据的经验研究[J].经济学季刊,2012,11(4):1503-1524.

 杨汝岱,姚洋.有限赶超与经济增长[J].经济研究,2008(8):29-41,64.

 于洪霞,龚六堂,陈玉宇.出口固定成本融资约束与企业出口行为[J].经济研究,2011(4):55-67.

 余淼杰.中国的贸易自由化与制造业企业生产率[J].经济研究,2010(12):97-110.

 张成思,朱越腾,芦哲.对外开放对金融发展的抑制效应之谜[J].金融研究,2013(6):16-30.

 张杰,吴润生,杨连星.中国出口增长的二元边际分解与区域差异[J].数量经济技术经济研究,2013a(10):3-18.

 张杰,郑文平,束兰根.融资约束如何影响中国企业出口的二元边际？[J]. 世界经济文汇,2013b(4):59-80.

张杰,郑文平,翟福昕.中国出口产品质量得到提升了么？[J].经济研究,2014(10):46-59.

赵勇,雷达.金融发展、出口边际与"汇率不相关之谜"[J].世界经济,2013(10):3-26.

周逢民,张会元,周海,等.基于两阶段关联 DEA 模型的我国商业银行效率评价[J].金融研究,2010(11):169-179.

朱英杰.融资约束、生产率与异质性企业的出口竞争力:微观基础的中国经验考察[J].世界经济研究,2012(9):57-65.

Agarwal R,AudretschD B. Does entry size matter？ The impact of the life cycle and technology on firm survival[J]. Journal of Industrial Economics，2001(49):21-42.

Albuquerque R, H A Hopenhayn. Optimal lending contracts and firm dynamics[J]. Review of Economic Studies,2004,71:285-315.

Alfaro L,Charlton A, Kanczuk F. Plant-size distribution and cross-country income differences[D]. NBER Working Paper, No. 14060,2008.

Arellano C,Bai Y,Zhang J. Firm dynamic and financial development[D]. NBER Working Paper,No. 15193,2009.

Arkolakis C,Muendler M A. The extensive margin of exporting products：A firm-level analysis [D]. NBER Working Paper, No. 16641,2010.

Arkolakis C. Market penetration costs and the new consumers margin in international trade[J]. Journal of Political Economy,2010,118(6):1151-1199.

Baldwin R,Harrigan J. Zeros,quality,and space：Trade theory and trade evidence[J]. American Economic Journal:Microeconomics,2011,3(2):60-88.

Benfratello L,Schiantarelli F,Sembenelli A. Banks and innovation：microeconometric evidence on Italian firms[J]. Journal of Financial Economics,2008,90:197-217.

Bernard A B,Beveren I V,Vandenbussche H. Multi-product exporters, carry-along trade and the margins of trade[J]. Social Science Electronic Publishing,2010.

Bernard A B,Jensen J B,Redding S J,et al. Firms in international trade[J]. Journal of Economic Perspectives,2007(21):105-130.

Bernard A B,Jensen J B. Why Some Firms Export[J]. Review of Economics and Statistics,2004,86(2):561-569.

Bernard A B, Redding S J, Schott P K. Multi-product firms and trade liberalization[J]. Quarterly Journal of Economics,2011,126(3): 1271-1318.

Bernard A B,Wagner J. Export entry and exit by German firms [J]. Review of World Economics,2001,137(1):105-123.

Bernini M,Guillou S,Bellone F. Firm's leverage and export quality evidence from France[D]. Gredeg Working Papers,2013.

Berthou A, Fontagné L. How do multiproduct exporters react to a change in trade costs[J]. Scandinavian Journal of Economics,2013,115 (2).

Besedeš T, Prusa T J. Product differentiation and duration of us import trade[J]. Journal of International Economics,2006,70:329-358.

Boyreau-Debray G, Wei S J. Pitfalls of a state-dominated financial system:The case of china[D]. NBER Working Papers,No. 11214,2005.

Brambilla I,Lederman D, Porto G. Exports,export destinations, and skills[J]. American Economic Review,2012,102(7):3406-3438.

Brandt L,Biesebroeck J V,Zhang Y. Creative accounting or creative destruction? Firm-level productivity growth in chinese manufacturing [J]. Journal of Development Economics,2012,97:339-51.

Buera F J,Joseph P K,Shin Y. Finance and development:A tale of two sectors[J]. American Economic Review,2011,101(5):1964-2002.

Chiao C. Relationship between debt, R&D and physical investment: Evidence from us firm level data[J]. Applied Financial Economics,2002(12):105-121.

Claessens S, Tzioumis K. Measuring firms'access to finance[Z].

World Bank,2006.

Clementi G L,Hopenhayn H A. A Theory of financing constraints and firm dynamics [J]. Quarterly Journal of Economics, 2006, 121: 229-265.

Clementi G L,Palazzo B. Entry,Exit,Firm Dynamics,and Aggregate Fluctuations[D]. NBER Working Paper,No. 19217,2013.

Clerides S,Lach S,Tybout J R. Is Learning by exporting important? Microdynamic evidence from Colombia, Mexico, and Morocco[J]. Quarterly Journal of Economics,1998,113:903-947.

Cooley T F,Vincenzo Q. Financial markets and firm dynamics[J]. American Economic Review,2001,91:1286-1310.

David P,Brien J O,YoshikawaT. The implications of debt heterogeneity for R&D investment and firm performance[J]. Academy of Management Journal, 2008,51:165-181.

Disney R,Haskel J,Westerdahl Y H. Entry,exit and establishment survival in UK manufacturing[J]. Journal of Industrial Economics,2003, (19):495-515.

Dollar D,WeiS J. Das(wasted)kapital:firm ownership and investment efficiency in China[D]. NBER Working Papers,No. 13103,2007.

Eslava M, Haltiwnger J, Kugler A,et al. Trade and market selection:Evidence from manufacturing plants in Colombia[J]. Review of Economic Dynamics,2013(16):135-158.

Esteve-Pérez S,Requena-Silvente F,Pallardo-LopezV J. The Duration of Firm-destination Export Relationships: Evidence from Spain, 1997-2006 [J]. Economic Inquiry,2013,51(1):159-180.

Falck O. Survival chances of new businesses:Do regional conditions matter? [J]. Applied Economics,2007(39):2039-2048.

Fan H,Lai E,LiY A. Credit constraints,quality,and export prices: Theory and evidence from China[D]. HKSUT Working Paper,2012.

Fan H,LiY A,Yeaple S R. Trade liberalization,quality and export prices[D]. NBER Working Paper,No. 20323,2014.

Feenstra R, Li Z, Yu M. Exports and credit constraints under incomplete information: Theory and applications to China[J]. Review of Economics and Statistics, 2013.

Fontagne L, Gaulier G, Zignago S. Specialization across varieties within products and north-south competition[D]. CEPII Working Papers, No. 6, 2007.

Goldberg P K, Amit K K, Pavcnik N, et al. Multiproduct firms and product turnover in the developing world: Evidence from India[J]. Review of Economics and Statistics, 2010(92): 1042-1049.

Goldsmith R W. Financial Structure Development[M]. New Haven: Yale University Press, 1969.

Hallak J C, Sivadasan J. Firms' exporting behavior under quality constraints[D]. NBER Working Paper, No. 14928, 2009.

Harrison A E, McMillan M S. Does Direct foreign investment affect domestic credit constraints[J]. Journal of International Economics, 2003, 61(1): 73-100.

Helpman E, Krugman P R. Market Structure and Foreign Trade [M]. Cambridge: MIT Press, 1985.

Héricourt J, Poncet S. FDI and credit constraints: firm level evidence in China[J]. Economic Systems, 2009, 33(1): 1-21.

Hess W, Persson M. Exploring the duration of EU imports[D]. IFN Working Paper, No. 849, 2010a.

Hess W, Persson M. The duration of trade revisited. Continuous-time vs. discrete-time hazards [D]. IFN Working Papers, No. 829, 2010b.

Hopenhayn H A. Entry, Exit, and firm dynamics in long run equilibrium[J]. Econometrica, 1992(60): 1127-1150.

Huang Y. China's Great Ascendancy and structural risks: Consequences of asymmetric market liberalization[J]. Asian-Pacific Economic Literature, 2010, 24(1): 65-85.

Huynh K P, Rotondi Z. R&D spending, local banks, and knowledge spillovers[D]. Unpublished working paper, Indiana University Bloomington and University of Ferrara, 2007.

Iacovone L, Javorcik B S. Multi-product exporters: Product churning, uncertainty and export discoveries[J]. The Economic Journal, 2010, 120 (544): 481-499.

Jenkins S P. Easy estimation methods for discrete-time duration models[J], Oxford Bulletin of Economics and Statistics, 1995, (57): 129-138.

Jenkins S P. Survival Analysis[Z]. Unpublished manuscript, University of Essex, 2005.

José D R. Bankruptcy and firm dynamics: The case of the missing firms[D]. IMF Working Paper, 2010.

Jovanovic B. Selection and the evolution of industry[J]. Econometrica, 1982(50): 649-670.

Khandelwal A. The Long and Short(of) Quality Ladders[J]. Review of Economic Studies, 2010, 77(4): 1450-1476.

Krugman P R. Increasing returns, monopolistic competition and international trade[J]. Journal of International Economics, 1979 (4): 469-479.

Lee Y, Mukoyama T. Entry, exit, and plant-level dynamics over the business cycle[D]. Charlattesville: University of Virginia, 2013.

Manova K, Shang-Jin W, Zhang Z. Firm exports and multinational activity under credit constraints[J]. Review of Economics and Statistics (forthcoming), 2014.

Manova K, Zhang Z. China's exporters and importers firms, products, and trade partners[D]. NBER Working Paper, No. 15249, 2009.

Manova K, Zhang Z. Multi-Product Firms and Product Quality[D]. NBER Working Papers, No. 18637, 2012.

Manova K. Credit Constraints, Heterogeneous Firms and International Trade[J]. Review of Economic Studies, 2013(80): 711-744.

Mayer T, Melitz M, OttavianoG. Market size, competition, and the product mix of exporters[D]. NBER Working Paper,No. 16959,2011.

McKinnon R. Money and Capital in Economic Development[M]. Washington D C:Brookings Institution,1973.

Melitz M. The Impact of trade on intra-industry reallocations and aggregate industry productivity [J]. Econometrica, 2003, 71 (6): 1695-1725.

Midrigan V, Xu D Y. Finance and misallocation: Evidence from plant-level data[D]. NBER Working Paper,No. 15647,2010.

Moll B. Productivity losses from financial frictions:Can self-financing undo capital misallocation[J]. American Economic Review,2012.

Nitsch V. Die another day:Duration in German import trade[J]. Review of World Economics,2009,145:133-154.

Nocke V, Yeaple S. Globalization and multiproduct firms [D]. NBER Working Paper,No. 19409,2013.

Olley S,Pakes A. The dynamics of productivity in the telecommunications equipment industry[J]. Econometrica,1996,64,(6):1263-1297.

Peng G,Fan X. The size distribution of exporting and non-exporting firms in a panel of chinese provinces[J]. Papers in Regional Science, Forthcoming, 2013.

Piveteau P,Smagghue G. A new method for quality estimation using trade data:An application to french firms[Z]. mimeo,2013.

Prentice R,Gloeckler L. Regression analysis of grouped survival data with application to breast cancer data[J]. Biometrics, 1978 (34): 57-67.

Restuccia D,Rogerson R. Policy distortions and aggregate productivity with heterogeneous plants[J]. Review of Economic Dynamics,2008 (11):707-720.

Riedel J,Jing J,Jian G. Overview of Economic Reforms and Outcomes,from How China Grows:Investment,Finance,and Reform[M]. Princeton:Princeton University Press,2007.

Roberts M J,Tybout J R. The decision to export in colombia:An empirical model of entry with sunk costs[J]. American Economic Review,1997,87(4):545-564 .

Rodrik D. What is so special about Chian's export [D]. NBER Working Paper, No. 11947,2006.

Samaniego R M. Entry,exit and business cycles in a general equilibrium model[J]. Review of Economic Dynamics,2008(11):529-541.

Schumpeter J A. The Theory of Economic Development[M]. Cambridge:Harvard University Press,1934.

Song Z,Storesletten K,Zilibotti F. Growing like China[J]. American Economic Review,2011,101(1):196-233.

Syverson C. What determines productivity[D]. NBERWorking Paper,No. 15712, 2010.

Whited T M. Debt,Liquidity constraints and corporate investment: Evidence from panel data [J]. Journal of Finance, 1992, 47 (4): 1425-1460.

Yang Q G,TempleP. Reform and competitive selection in China:An analysis of firm exits [J]. Structural Change and Economic Dynamics, 2012(23):286-299.

索 引

C

常弹性效用函数 5

沉没成本 9,42,43,59

出口参与 9,41,62

出口深度 5,14,62,69,70,72,73,
78,83,86,118

出口渗透率 5,62,68,69,72,73,
78,83,86,118

D

对数似然函数 22

F

非参数估计方法 21

G

工具变量 13,14,38,57,58,76,
104,113

固定效应 56,57,68,78,103

J

集约边际 8,62

K

扩展边际 8,40,41,59,62,67,68,
72,73,86,89,112,113,115

L

流动性约束 6,11,19,30,34,41,
42,43,44,59,118,121

M

贸易广度 3,40

Q

全要素生产率 7,13,23,34,47,70

S

生存模型 13,22,47

市场化指数 35,36,37,38,82

随机效应 29,50

Y

异质性 2,5,6,7,10,12,15,29,32,
33,36,37,42,47,49,50,54,56,
60,61,70,86,103,112

盈利性约束 6,11,19,44,121

后 记

本书是在我的博士学位论文基础上修改而成的。尽管三年博士研究生生活已渐渐远去，但博士研究生期间的刻苦与快乐，深深地留在我的记忆中。回首这三年，心中充满了感恩。

首先感谢我的妻子，她辛勤的工作使我们家庭的生活需要得到满足，使我得以专心学习。她的勤劳、热情和乐于奉献给我们家带来了温暖，也给我枯燥的科研生活带来了快乐。感谢我的导师彭国华老师，彭老师是一位治学严谨、对学术要求高，同时对学生关怀备至的老师。我毕业论文的选题、构思、文献收集、写作、修改，每一步都是在彭老师细心指导下完成的。彭老师不仅在学术上是我的榜样，而且在为人上，彭老师的专注与谨慎，勤奋与忍耐，虽然这些品格很难习得，但彭老师已经为我树立了榜样。感谢刘金山老师、王兵老师、李郁芳老师、陈雪梅老师和伍亚老师，感谢他们这三年给我的专业训练以及在毕业论文写作上给我的指导和帮助。感谢博士班班长王志勇同学这三年为我提供的服务，他是一个负责任的班长和乐于助人的同学，这三年班中无论大小事，他都尽职尽责为我们提供服务。感谢我的博士同学魏巍、冯辉、易顺、叶晓东、朱民武、付辉、王宇、王小斌、胡国强、马超、黄睿，感谢他们这三年在学习和生活上给我的帮助。感谢我的亲人，没有他们的支持和鼓励，我是无法安心完成博士阶段学业的。最后感谢我现在的工作单位浙江树人大学现代服务业学院的领导和老师，夏晴教授、朱红缨教授、张亚珍教授、黄秋波副教授、徐波博士，谢谢他们在工作上对我的鼓励、支持和帮助，使我得以更大程度地专心于科研工作。

　　本书是较初步的探讨,限于水平书中难免有不足之处,恳请读者批评指正。

黎日荣

2019 年 1 月